SOURIRE

FRANZÖSISCH ÜBUNGSBUCH

Teil V

Mag. Claudia Lichtenwagner

Mit Bescheid des Bundesministeriums für Bildung, Wissenschaft und Kultur vom 14. Juni 2005, BMBWK-5.001/0005-V/9/2005 gemäß § 14 Absatz 2 und 5 des Schulunterrichtsgesetzes BGBl. Nr. 472/86 und gemäß den derzeit geltenden Lehrplänen als für den Unterrichtsgebrauch an Hauptschulen für die 4. Klasse und an allgemein bildenden höheren Schulen für die 4. – 8. Klasse im Unterrichtsgegenstand Französisch (1. und 2. lebende Fremdsprache) geeignet erklärt.

www.ggverlag.at

ISBN 978-3-7074-1314-4

In der aktuell gültigen Rechtschreibung

4. Auflage 2012

Gesamtherstellung: Imprint, Ljubljana

VORWORT

SOURIRE V, der letzte Band der **SOURIRE**-Serie, befasst sich vor allem mit dem Gebrauch von *participe présent*, *gérondif*, *subjonctif*, *passé simple* und *passé antérieur*.
Weiters werden *Präpositionen* und *Konjunktionen* noch einmal näher beleuchtet. *Unbestimmte Pronomen*, *Adjektive* und *Adverbien* und die Stellung der *direkten und indirekten Objekte* werden in diesem Band geboten ebenso wie das *ne explétif*, die Verneinung ohne *pas* und der *article partitif* in *absoluten und nicht absoluten Verneinungen*.
Den Abschluss des Grammatikwerkes bildet *das Geschlecht der Nomen*, *der Plural der zusammengesetzten Substantive*, *besondere Pluralformen* und *Hauptwörter, die nur im Plural verwendet werden*.
Das bewährte Konzept, im Schlüssel (*clé*) häufig nochmals auf die anzuwendenen Regeln sowie auf Erklärungen in anderen **SOURIRE**-Bänden hinzuweisen, wurde auch diesmal beibehalten.
Der *Vocabulaire*-Teil erleichtert das Verständnis der Übungssätze.

Ich wünsche allen Studierenden der französischen Sprache sehr viel Erfolg und Ausdauer und große Freude beim Perfektionieren der in den **SOURIRE**-Werken dargebotenen Grammatik!

Prof. Mag. Claudia Lichtenwagner

TABLE DES MATIÈRES

page

SE PLAINDRE / SE TAIRE / APERCEVOIR / VALOIR

se plaindre *(sich beklagen)*	
je me	**plains**
tu te	**plains**
il/elle/on se	**plaint**
nous nous	plai**gnons**
vous vous	plai**gnez**
ils/elles se	plai**gnent**

Plains-toi!
Plaignons-nous!
Plaignez-vous!

Participe passé: **plaint**
imparfait: je me plaignais
conditionnel: je me plaindrais
futur: je me plaindrai

<u>De même:</u>
craindre *(fürchten)*
joindre *(verbinden, beifügen)*
atteindre *(erreichen)*

se taire *(schweigen)*	
je me	**tais**
tu te	**tais**
il/elle/on se	**tait**
nous nous	tais**ons**
vous vous	tais**ez**
ils/elles se	tais**ent**

Tais-toi!
Taisons-nous!
Taisez-vous!

Participe passé: **tu**
imparfait: je me taisais
conditionnel: je me tairais
futur: je me tairai

<u>De même:</u>
plaire *(gefallen)*

apercevoir *(bemerken)*	
j'	aper**çois**
tu	aper**çois**
il/elle/on	aper**çoit**
nous	aper**cevons**
vous	aper**cevez**
ils/elles	aper**çoivent**

Aperçois!
Apercevons!
Apercevez!

Participe passé: **aperçu**
imparfait: j'apercevais
conditionnel: j'apercevrais
futur: j'apercevrai

<u>De même:</u>
recevoir *(erhalten)*
décevoir *(enttäuschen)*
percevoir *(wahrnehmen)*

valoir *(wert sein, kosten)*	
je	**vaux**
tu	**vaux**
il/elle/on	**vaut**
nous	val**ons**
vous	val**ez**
ils/elles	val**ent**

Imperativ:
ungebräuchlich

Participe passé: **valu**
imparfait: il valait
conditionnel: il vaudrait
futur: il vaudra

<u>De même:</u>
prévaloir *(vorwiegen)*

ESSUYER / ACCUEILLIR / HAÏR / ROMPRE

essuyer *(abwischen)*

j'	essu**ie**
tu	essu**ies**
il/elle/on	essu**ie**
nous	essu**yons**
vous	essu**yez**
ils/elles	essu**ient**

Essuie!
Essuyons!
Essuyez!

Participe passé: **essuyé**
imparfait: j'essu**y**ais
conditionnel: j'essu**i**erais
futur: j'essu**i**erai

De même:

appuyer *(drücken)*
s'ennuyer *(sich langweilen)*
tutoyer *(duzen)*
vouvoyer *(siezen)*
nettoyer *(reinigen)*

accueillir *(empfangen)*

j'	accueill**e**
tu	accueill**es**
il/elle/on	accueill**e**
nous	accueill**ons**
vous	accueill**ez**
ils/elles	accueill**ent**

Accueille!
Accueillons!
Accueillez!

Participe passé: **accueilli**
imparfait: j'accueillais
conditionnel: j'accueill**er**ais
futur: j'accueill**er**ai

De même:

cueillir *(pflücken)*

haïr *(hassen)*

je	hais
tu	hais
il/elle/on	hait
nous	ha**ïss**ons
vous	ha**ïss**ez
ils/elles	ha**ïss**ent

Hais!
Ha**ïss**ons!
Ha**ïss**ez!

Participe passé: **haï**
imparfait: je haïssais
conditionnel: je haïrais
futur: je haïrai

rompre *(brechen, lösen)*

je	**romps**
tu	**romps**
il/elle/on	**rompt**
nous	romp**ons**
vous	romp**ez**
ils/elles	romp**ent**

Romps!
Rompons!
Rompez!

Participe passé: **rompu**
imparfait: je rompais
conditionnel: je romprais
futur: je romprai

De même:
interrompre *(unterbrechen)*

MÉTS LES VERBES À LEUR FORME CORRECTE

1. Ils .... notre projet avec une grande méfiance. (accueillir, *imparfait*)
2. Elle .... elle-même. (se haïr, *présent*)
3. Tu .... tout le temps! (se plaindre, *présent*)
4. .... , les enfants! (se taire, *impératif*)
5. Nous .... le parfum des roses. (percevoir, *passé composé*)
6. Cela .... beaucoup d'argent. (valoir, *présent*)
7. .... la table, s'il te plaît, Bernard! (essuyer, *impératif*)
8. Nous .... aimablement. (accueillir, *passif, imparfait*)
9. Elle .... de tous ses collègues. (haïr, *passif, présent*)
10. Ma collègue est si envieuse. Je la .... sincèrement. (plaindre qn., *présent*)
11. Tout à coup elle .... (se taire, *passé composé*)
12. Il .... de son amour pour elle. (s'apercevoir, *présent*)
13. Les enfants, ... la vaisselle, s'il vous plaît. (essuyer, *impératif*)
14. Ses livres de grammaire .... pour tous les élèves. (valoir, *présent*)
15. Ne m' .... pas toujours. (interrompre, *impératif*)
16. Si tu .... , tu aurais moins de problèmes. (se taire, *imparfait*)
17. Vous .... du repas? (se plaindre, *passé composé*)
18. Il .... les mains à une serviette. (s'essuyer, *imparfait*)
19. La petite Anne .... son visage dans une glace. (apercevoir, *présent*)
20. Il .... mieux faire les devoirs tout de suite. (valoir, *présent*)
21. Je .... la bouche, si j'étais toi. (s'essuyer, *conditionnel*)
22. Il a remarqué un détail qui .... à peine. (s'apercevoir, *présent*)
23. Il .... cette nouvelle. (mal accueillir, *passé composé*)
24. Ils .... depuis le collège. (se haïr, *présent*)
25. Il .... le silence. (rompre, *passé composé*)
26. À ta place je .... à l'arbitre. (se plaindre, *conditionnel*)
27. Il savait bien qu'il .... mieux se taire. (valoir, *imparfait*)
28. Elle .... ses larmes. (essuyer, *passé composé*)
29. Je .... , si j'étais toi. (se taire, *conditionnel*)
30. On .... au loin le clocher. (apercevoir, *imparfait*)
31. Ce film ne .... pas la peine qu'on le regarde. (valoir, *présent*)
32. Nous .... depuis le collège. (se tutoyer, *présent*)
33. Cela ne .... pas la peine de l'attendre. (valoir, *présent*)
34. Il .... sur le bouton. (appuyer, *passé composé*)
35. Elle .... son ami chaleureusement. (accueillir, *passé composé*)
36. Il .... sa façon de parler. (haïr, *imparfait*)

LE PARTICIPE PRÉSENT

A. Bildung: An den **Stamm der 1. Person Plural Präsens** wird - **ant** angefügt.

nous **fais**ons	⇨	**faisant**	nous **mange**ons	⇨	**mangeant**
nous **dorm**ons	⇨	**dormant**	nous **regard**ons	⇨	**regardant**
nous **finiss**ons	⇨	**finissant**	nous **pren**ons	⇨	**prenant**
nous **parl**ons	⇨	**parlant**	nous **all**ons	⇨	**allant**
nous **commenç**ons	⇨	**commençant**	nous **voy**ons	⇨	**voyant**

unregelmäßige Formen:	**avoir**	⇨	**ayant**
	être	⇨	**étant**
	savoir	⇨	**sachant**
Vergangenheitsform:	**ayant** écrit		**étant** parti

B. Verwendung: Das **participe présent** ist Element der **Schriftsprache** und findet sich häufig in **Zeitungsberichten, Zeitungsannoncen** und in **Schriften von Behörden**.

1. Als **<u>Verb</u>** ist es **unveränderlich** und drückt eine **vorübergehende Handlung** aus.
   Haupt-und Nebensatz können **verschiedene Subjekte** haben.
   Es kann **anstelle**
   - eines **Relativsatzes** ***(qui)***
   - eines **Nebensatzes**
     (parce que, puisque *(da ja)*, ***comme, quand, au moment où, après que)***
   - oder eines **durch *et* oder *donc* verbundenen Satzes**

   verwendet werden.

Exemples:

Le train **venant** d'Amiens, s'est arrêté. (= **qui** venait)
Une voiture **roulant** à toute vitesse, a écrasé le chien. (= **qui** roulait)
Étant fatigué, il est allé se coucher. (= **Comme** il était ...) *Da er müde war ...*
<u>Papa</u> t'**emmenant** à la gare, <u>tu</u> pourras prendre le train à six heures.
(= **Comme** <u>papa</u> t'emmène à la gare, <u>tu</u> ...)(*<u>verschiedene</u>* Subjekte). *Da dich Vati zum ...*
Il l'écoutait, ne **pensant** à rien. (= **et** il ne pensait à rien.)
Ayant passé ses vacances au bord de la mer, il était bronzé.
(= **Comme** il avait passé ...) *Da er seine Ferien am Meer verbracht hatte, ...*

2. Als **Verbaladjektiv** ist es **veränderlich** und drückt einen **dauernden Zustand** aus.
Das **adjectif verbal** steht **ohne Ergänzung**.

Exemples:

une histoire **amusante**	*eine lustige Geschichte*
de l'eau **courante**	*Fließwasser*
de l'eau **dormante**	*stehendes Gewässer*
une expression **courante**	*ein geläufiger Ausdruck*
une chaise **roulante**	*ein Rollstuhl*
l'argent **comptant**	*Bargeld*
la marée **montante**	*die Flut*
une robe à col **montant**	*ein hochgeschlossenes Kleid*
une lotion **nettoyante**	*eine Reinigungslotion*
une soirée **dansante**	*Tanzabend*

Vergleiche den **Unterschied** zwischen **adjectif verbal** und **participe présent, wenn es als Verb** verwendet wird:

une histoire **amusante** ***(adjectiv verbal, ohne Ergänzung, veränderlich)***
une histoire **amusant** tout le monde ***(participe présent als Verb, mit Ergänzung, unveränderlich)***

Merke: Als **Verb** hat das participe présent ein **Objekt** nach sich und kann **mit einem Nebensatz** *(qui, parce que, puisque ...)* **aufgelöst werden.**

Beachte: Zwischen **adjectif verbal** und **participe présent als Verb** tritt manchmal eine **unterschiedliche Schreibweise** oder auch **Bedeutung** auf.

adjectif verbal		**participe présent als Verb**	
convain**c**ant/-e	*überzeugend*	convain**qu**ant	*überzeugend*
fati**g**ant/-e	*beschwerlich*	fati**gu**ant	*ermüdend*
différ**e**nt/-e	*verschieden*	différ**a**nt	*sich unterscheidend*
excell**e**nt/-e	*ausgezeichnet*	excell**a**nt	*sich auszeichnend*
néglig**e**nt/-e	*nachlässig*	néglig**ea**nt	*vernachlässigend*
puissant/-e	*mächtig*	**pouvant**	*können d*
influ**e**nt/-e	*einflussreich*	influ**a**nt	*beeinflussend*

3. Als **<u>Substantiv</u>**.

Exemples:

On regardait **les passants**.
Les habitants de cet arrondissement sont très riches.
Il a perdu les adresses de **ses correspondants**.
Les étudiants sont déjà arrivés.

C. Stellung: Das participe présent kann **vor** oder **hinter** seinem Beziehungswort stehen.

Exemples:

Étant très riche, **madame Malot** donne beaucoup d'argent à la Croix Rouge.
Madame Malot étant très riche, <u>elle</u> donne beaucoup d'argent à la Croix Rouge.

Anmerkung: **Le pronom sujet** (Subjektspronomen *je, tu, il, elle, ils, elles, nous, vous*) wird im Hauptsatz meist **wiederholt**, wenn ein **Kausalsatz** (comme, puisque, donc) durch das participe présent ersetzt wird.
Es wird **nicht wiederholt**, wenn das participe présent einen **Relativsatz** (qui) ersetzt.

D. Merke: Folgende deutsche Partizipien werden im Französischen mit einem **Relativsatz** (qui) oder **einer anderen Wendung** wiedergegeben.

eine brennende Kerze	une bougie **allumée**
ein brennendes Auto	une voiture **en flammes**
flüchtende Gangster	des gangsters **en fuite**
ein betendes Kind	un enfant **en prière**
eine rauchende Frau	une femme **qui fume**
steigende Preise	des prix **qui augmentent**

METS LE PARTICIPE PRÉSENT

1. .... (tenir) son chapeau à la main, il est entré.
2. .... (prendre) son manteau, elle est sortie.
3. Jeune fille .... (avoir) passé son BAC, cherche situation comme fille au pair.
4. Une fille .... (sourire) venait vers nous.
5. Jeune homme .... (travailler) à Vienne, cherche appartement dans le 11e arrondissement.
6. .... (être) grièvement blessée, madame Bressot a été transportée à l'hôpital.
7. Elle a cherché une fille au pair .... (savoir) le français.
8. Les clowns chantaient, ... (amuser) tous les enfants.
9. On a vu un homme .... (pousser) sa voiture.
10. On a besoin des renseignements .... (concerner) ce voyage.
11. L'agent de police .... (examiner) mon permis de conduire, voulait savoir mon adresse.
12. Thomas, ... (avoir) reçu son cadeau, l'a ouvert tout de suite.
13. On regardait la lune .... (monter) de derrière la montagne.
14. .... (avoir) soif, il s'est préparé du thé.
15. Voilà une histoire .... (décrire) la vie des paysans.
16. Elle est entrée, ... (tenir) une lettre à la main.
17. .... (ne pas vouloir) être vue, elle s'est cachée.
18. Madame Machat, ... (habiter) à Nice, cherche un appartement ensoleillé.
19. Le bureau Pascal, ... (être) fermé jusqu'en septembre, cherche un jeune dessinateur.
20. .... (ne pas comprendre) la fin du livre, il la relira.
21. .... (séjourner) à Paris en ce moment, madame Bardot ne pourra pas répondre à votre invitation.
22. .... (s'intéresser) beaucoup à vos travaux, je voudrais bien vous rendre visite.
23. La tour Eiffel .... (être) actuellement en travaux, on ne peut pas y monter.
24. Le concert .... (être) prévu pour le 3 septembre, sera repoussé d'une semaine.
25. Elle regardait ses enfants .... (jouer) sur le sable.
26. Famille .... (aimer) la nature cherche une maison à la montagne.
27. .... (ne pas avoir) faim, il est allé se coucher.

TRANSFORME EN UTILISANT LE PARTICIPE PRÉSENT

1. Une élève **qui habite** en Autriche cherche une place comme fille au pair.
2. Il a réussi à tous ses examens **parce qu'il avait toujours fait** ses devoirs.
3. Pauline ne pouvait pas aller en France **parce qu'elle était** malade.
4. Le groupe **qui jouait** ce soir-là, était notre groupe préféré.
5. Maman, **qui était revenue** du bureau, était très fatiguée.
6. L'affaire des touristes disparus **qui intéressait** tout le monde, était relatée dans tous les journaux.
7. **Comme les élèves n'avaient pas compris** la règle, le professeur la leur a expliquée encore une fois.
8. **Puisque madame Machat ne s'intéressait pas du tout** au foot, elle n'était jamais allée au stade.
9. Les jeunes filles **qui préparent** une manifestation organisée au profit des personnes handicapées cherchent une maison pour y travailler.
10. Famille **qui aime** la mer et le sable cherche une maison à Sète.
11. Élève autrichienne **qui apprend** le français cherche une correspondante en Belgique.
12. L'hôtel Bellevue **qui cherche** un chef de cuisine, est très connu.
13. **Comme** Hermann Hesse **est** son écrivain préféré, elle a lu tous ses livres.
14. Lycéenne cherche une fille française **qui donne** des cours de conversation.
15. Une jeune mère célibataire cherche un groupe de femmes **qui se rencontrent** une fois par mois.
16. Famille avec deux enfants cherche une jeune fille **qui veut** partir en Italie avec elle.
17. Jeune professeur **qui a passé** une année en France cherche un appartement à Vienne.
18. **Comme les Legrand l'ont invité**, il est allé les voir avec plaisir.
19. **Comme Sylvie vit** seule à la maison, elle a peur.
20. Elle est en train d'écouter une émission **qui l'intéresse** beaucoup.
21. Elle n'a pas pu participer au cours **parce que sa voiture était en panne**.
22. **Puisque maman a** beaucoup de travail au bureau, elle est rentrée tard dans la nuit.
23. **Comme Thomas fait** beaucoup de planche à voile, il est très bronzé.
24. **Comme Pierre et Pauline se marieront**, ils prendront trois jours de congés.
25. Elle **adore** les films de Spielberg **et** va donc souvent au cinéma.
26. François **aime** beaucoup la nature, il cherche donc une petite maison à la montagne.
27. **Comme la conférence se terminera** à six heures du soir, nous ne rentrerons pas avant huit heures.

28. **Comme elle voudrait travailler** comme fille au pair, elle doit écrire des lettres de candidature.
29. Madame Ledoux, **qui s'intéresse** beaucoup au tricotage, veut suivre un cours de niveau supérieur.
30. La neige **qui tombe** depuis une semaine fait plaisir aux skieurs.
31. **Comme il apprend** une deuxième langue, monsieur Bijou obtiendra un poste plus intéressant.
32. La région du Salzkammergut, **qui attire** beaucoup de touristes, offre de beaux séjours reposants.
33. La maison **qui appartient** aux Bibaut se trouve près de la mer.
34. **Comme son père s'occupe** de ses enfants, Nadine peut aller voir ses amis en France.
35. Monsieur Bonaure, **qui doit** travailler la semaine prochaine, ne peut malheureusement pas nous accompagner à Paris.
36. **Puisque nous connaissons** sa curiosité, nous n'avons rien remarqué de cette affaire.
37. Il a regardé un film à la télé **qui rapportait** la vic dc Mauricc Ravcl.
38. **Comme maman t'emmène** à la gare, tu ne manqueras pas le train.
39. Jeune fille **qui travaille** à Nancy cherche un petit appartement.
40. Maman, **qui revenait** du marché, était fatiguée.
41. **Comme il a vu** le danger, il a freiné.
42. **Après être descendue** du métro, elle a téléphoné à sa sœur.
43. **Comme vous partez** avant six heures, vous ne devez plus attendre.
44. **Puisque nous connaissons** bien sa réponse, nous ne lui demandons pas son avis.
45. On entendait des groupes **qui jouaient** en face de la tour Eiffel.
46. Nous avons regardé des grosses dames **qui mangeaient** des gâteaux avec beaucoup de crème chantilly.
47. **Comme tu manges** tous ces chocolats, tu vas grossir.
48. **Puisqu'il ne voulait pas dire** la vérité, il a essayé d'échapper aux gendarmes.
49. **Après avoir réservé** une place dans l'avion, il a cherché un hôtel dans Paris.
50. Tout à coup on a vu un garçon **qui traversait** la rue en courant.
51. Les vents, la pluie et les brouillards **qui annonçaient** le début de l'automne devenaient plus intenses.
52. **Puisque nous savions** qu'il n'avait pas d'argent, on lui a payé son repas.
53. Marie a de bonnes notes en français **parce qu'elle a** toujours **fait** ses devoirs.
54. On voyait des gens **qui se promenaient** au bord de la mer.
55. **Comme il savait** que sa mère ne rentrerait pas avant six heures, il est allé au café.

FAIS L'ACCORD, S'IL S'AGIT D'ADJECTIFS VERBAUX OU DE SUBSTANTIFS

1. Les étudiant..... passeront leurs examens au mois de juin.
2. Mettez les verbes suivant..... à l'imparfait.
3. J'ai réservé une chambre donnant..... sur la mer.
4. Elle portait une robe à col montant..... .
5. Il nous raconté une histoire bien amusant..... .
6. Le chien suivant..... son maître s'est mis à aboyer.
7. Les gens habitant..... en banlieue étaient très polis et charmants.
8. L'histoire amusant..... tout le monde était vraie.
9. Toutes les chambres ont l'eau courant..... .
10. Monsieur Legrand est tombé de sa chaise roulant..... .
11. Les mots convaincant..... tous les auditeurs étaient cités d'après son nouveau roman.
12. Elle a mis une lotion nettoyant..... sur son visage.
13. C'est une expression très courant..... .
14. Voilà les filles assistant..... à l'organisation.
15. Nous regardions les filles se promenant..... sur le quai.
16. Dans la nuit il n'y a plus beaucoup de passant..... ici.
17. Nous regardions les poissons nageant..... dans l'étang.
18. Il faut prendre des mesures concernant..... la pollution.
19. Sachant..... qu'il ne s'intéresse pas à la musique classique, on ne lui a pas demandé de nous accompagner au concert.
20. La randonnée en montagne était très fatigant..... .
21. Elle a beaucoup d'amis influent..... .
22. Ne pouvant..... plus marcher, elle est tombée.
23. Voilà les adresses des correspondant..... français.
24. Elle habite dans une rue très bruyant..... .
25. Ils ont fait un sondage avec les élèves sortant..... du lycée.
26. Les garçons se sont mis à courir sachant..... qu'il était déjà très tard.
27. Il nous a parlé d'une situation inquiétant..... tout le monde.
28. Elle préfère les couleurs vivant..... .
29. Il nous a lu une lettre amusant..... .
30. Partant..... tôt, elles arrivent à l'heure.
31. Les trains venant...... du sud auront du retard.
32. Il nous a envoyé une carte de Paris représentant..... la tour Eiffel.
33. Le conducteur ayant..... commis un délit de fuite, est en prison.
34. Connaissant..... bien Paris, notre prof n'a pas besoin d'un guide local.
35. Elle aime porter des pull-overs à col montant..... .
36. Un train roulant..... à toute vitesse est passé tout près de nous.
37. Sa voiture étant..... en panne il a dû marcher.

LE GÉRONDIF

A. Bildung: préposition **en + participe présent**

attendre ⇨ **en attendant**
faire ⇨ **en faisant**
dormir ⇨ **en dormant**

B. Verwendung:

Es wird sowohl im **français écrit** als auch im **français parlé** verwendet. Es ist stilistisch sehr gewandt und beliebt.
Das **Subjekt** des gérondif muss **ident sein** mit dem Subjekt des Hauptsatzes.

1. Es dient zum Ausdruck der **Gleichzeitigkeit** zweier Handlungen. *(während, beim, immer wenn)*

Exemples:

Papa repassait le linge **en regardant** la télé.
(... **pendant qu**'il regardait la télé.) *(beachte auch: Subjektsgleichheit)*
Papa bügelte die Wäsche beim Fernsehen / während er fern sah.
Elle faisait ses devoirs **en écoutant** la radio. *(Subjektsgleichheit)*
(... **pendant qu**'elle écoutait la radio.)
Sie machte ihre Hausübung während sie Radio hörte. / Beim Radiohören ...
Il mange **en lisant**. *Er isst beim Lesen. / ... während er liest.*
En entrant, nous avons rencontré monsieur Bertin.
(**Quand** / **Lorsque** <u>nous</u> sommes entrés, <u>nous</u> ...) *(Subjektsgleichheit)*
Beim Eintreten haben wir Herrn B. getroffen.
Attention aux marches **en sortant**.
(**Quand** <u>vous</u> sortez, <u>faites</u> attention aux marches.) *(Subjektsgleichheit)*
Beim Hinausgehen Achtung auf die Stufen.

2. Es kann **anstelle** eines **si-Satzes** zur Angabe einer **Bedingung** stehen.

Exemple:

En prenant le train de 9 heures, **je** ne devrai pas changer de train.
(**Si** <u>je</u> prends le train, <u>je</u> ...) *(Subjektsgleichheit)*
Wenn <u>ich</u> den Zug um 9 h nehme, werde <u>ich</u> nicht umsteigen müssen.

3. Es dient zur Angabe der **Art und Weise, wie etwas geschieht und wie man etwas erreichen kann**.

Exemples:

Tu peux ouvrir cette boîte **en tirant** ici. *(... **indem** du hier ziehst.)*
Elle nous a regardés **en souriant**. *Sie hat uns lächelnd angesehen.*
Tu vas réussir à tes examens **en travaillant** plus. *(...**indem** du mehr lernst.)*

4. Die **Verneinungselemente** (ne ... pas/plus) **umklammern** das Verb.

Exemple:

En ne **mangeant** pas, elle va tomber malade.
Wenn sie nicht isst, wird sie krank werden.

5. **Objektspronomen (le/la/les/lui/leur)** und **rückbezügliche Fürwörter (me/te/se/nous/vous)** stehen zwischen **en** und der Form des **participe présent**.

Exemples:

Il écoute de la musique **en s'occupant** du repas.
(während er sich ums Essen kümmert.)
Il a traversé la rue **en lui offrant** le bras. *(indem er ihr/ihm den Arm reichte.)*
Il lui a confié qu'il l'aime **en la prenant** dans ses bras.
(indem er sie in die Arme nahm.)

6. **Das gérondif** kann mit **tout** verstärkt werden um die **Gleichzeitigkeit** besonders zu betonen, oder um den Sinn ***obwohl*** auszudrücken.

Exemples:

Elle regardait les photos de son ami ***tout* en pleurant**.
(... während sie weinte.)
Elle haletait ***tout* en descendant** les valises du grenier.
Sie schnaufte während sie die Koffer vom Dachboden holte.
***Tout* en sachant** que ma voiture était en panne, il ne m'a pas attendu.
Obwohl er wusste, dass ich eine Autopanne hatte, hat er mir nicht gewartet.

C. Stellung:	Das gérondif kann **vor** oder **hinter** dem übergeordneten Satz stehen.

Exemples:

En travaillant, elle rêve de ses vacances.
Elle rêve de ses vacances **en travaillant**.

D. Merke:	**Proverbes** et **expressions à retenir:** *(Sprichwörter und Ausdrücke, die man sich merken soll.)*

L'appétit vient **en mangeant**.	*Der Appetit kommt beim Essen.*
La fortune vient **en dormant**.	*Das Glück kommt im Schlaf.*
en attendant	*fürs erste, bis dahin, inzwischen*
en y **réfléchissant** bien, je ...	*wenn ich es mir recht überlege*
en passant	*im Vorbeigehen*
soit dit **en passant**	*nebenbei gesagt*
elle est arrivée **en courant**	*sie kam gelaufen*
En vous remerciant à l'avance, je ...	*Ich bedanke mich im voraus ...*
C'est **en faisant** le bien qu'on devient bon.	*Indem man Gutes tut wird man gut.*
C'est **en forgeant** qu'on devient forgeron.	*Übung macht den Meister. (eig.: Beim Schmieden wird man Schmied)*

E. Vergleiche den Unterschied:

J'ai vu Thomas **sortant** du lycée. *(= **J**'ai vu **Thomas** **qui sortait** du lycée.)*
J'ai vu Thomas **en sortant** du lycée. *(= **J**'ai vu Thomas **quand** **je** **suis sorti** du l.)*

Pierre se dépêchant, nous pourrons faire une promenade. *(**Comme** **Pierre** se dépêche, **nous** ...) (2 **verschiedene** Subjekte, daher ist das **participe présent** zu verwenden.)*
En te dépêchant, tu pourras prendre le train à six heures.
*(Si **tu** te dépêches, **tu** ...) (**gleiches** Subjekt, daher darf das **gérondif** verw. werden.)*

Das **gérondif** darf also **nur bei Subjektsgleichheit *und* Gleichzeitigkeit** verwendet werden.
Bei vielen Beispielen sind sowohl **participe présent** als auch das **gérondif** möglich. Der Sprecher entscheidet, **was er ausdrücken möchte**.

COMPLÈTE PAR *EN* SI NÉCÉSSAIRE

1. Il courait .... faisant des plaisanteries.
2. .... marchant très vite, nous pourrons aller chercher papa à la gare.
3. .... ayant peur, elle a demandé à Pierre de l'accompagner.
4. Il fait de l'escalade, tout .... sachant que c'est dangereux.
5. .... ayant reçu un os, le chien est vite parti.
6. J'ai vu ta mère .... allant au marché.
7. .... se sentant fatigué, il est allé se coucher.
8. Elle est entrée .... souriant.
9. Le cyclone .... ayant cessé, les habitants ont pu retourner dans leurs maisons.
10. Papa ne chante jamais .... travaillant.
11. Tu vas améliorer tes connaissances en français .... allant en France pour un an.
12. Sa mère .... étant malade, Sylvie n'a pas pu aller en France.
13. .... étant malade, Nicole n'a pas pu nous rendre visite.
14. Elle a ouvert de grands yeux .... voyant ma Porsche.
15. J'aimerais bien te revoir mais .... attendant écris-moi une lettre, s'il te plaît.
16. La police a arrêté un camion .... roulant trop vite.
17. .... n'ayant jamais été à Londres, elle n'a pas encore visité le cabinet de Madame Tussaud.
18. Le prof l'examinait .... lui donnant beaucoup d'indications.
19. Elle est partie .... pleurant.
20. .... travaillant, elle pense aux vacancces.
21. Il a mis son casque, ... ne voulant pas inquiéter ses parents.
22. Elle regarde une documentation .... racontant la vie des clochards.
23. .... regardant la télé, tu ne peux pas faire tes devoirs.
24. Madame Legrand cherche une secrétaire .... sachant le français et l'espagnol.
25. Elle gagne beaucoup d'argent .... travaillant jour et nuit.
26. .... choisissant la robe bleue, tu seras toujours bien habillée.
27. Ne parle pas .... mangeant!
28. Il nous parlait de ses vacances .... nous montrant ses photos.
29. Nous nous informons .... regardant dans le dictionnaire.
30. .... passant par la poste, tu pourrais m'acheter des timbres.
31. Elle souriait tout .... étant très triste.
32. Pilou s'est cassé la jambe et le bras .... tombant de l'échelle.
33. Nous avons rencontré madame Berlioz .... descendant du bus.
34. .... passant devant notre jardin, il nous a salués.
35. Tout .... étant très belle, elle ne trouve pas de mari.
36. Papa s'est coupé .... se rasant ce matin.

TRANSFORME LES PHRASES EN UTILISANT SOIT LE PARTICIPE PRÉSENT SOIT LE GÉRONDIF

1. Il était très triste **parce que Monique a refusé** son aide.
2. **Si tu travailles** sérieusement, tu vas réussir à ton examen.
3. **Si tu vas** tout droit, tu vas trouver la boutique dont je t'ai parlé.
4. **Quand on arrive** à Venise en bateau, on aperçoit la belle place saint Marc.
5. Il s'est mis en colère **quand il a vu** sa voiture endommagée.
6. Grand-mère chantait **pendant qu'elle tricotait**.
7. J'ai trouvé mes premières chaussures **quand j'ai rangé** notre grenier.
8. Paul s'est cassé la jambe **pendant qu'il jouait** au tennis.
9. **Si vous prenez** le RER, vous serez plus rapide.
10. **Comme les enfants étaient** fatigués, maman les a mis au lit.
11. **Comme Pierre est** en retard, nous ne pourrons pas prendre le bus à huit heures.
12. **Quand elle est sortie**, elle a fait signe à un taxi.
13. Un chef de cuisine **qui a** beaucoup d'expérience cherche un emploi dans un hôtel à Paris.
14. Elle risque de devenir alcoolique **parce qu'elle boit** trop.
15. Maman lisait le journal **pendant qu'elle prenait** un petit café noir.
16. **Comme elle avait peur**, elle a demandé à François de l'accompagner.
17. **Si on prend** le train à sept heures, on ne devra pas changer.
18. **Après avoir pris** son apéritif, il s'est mis à manger.
19. Nadine écrit une carte postale **pendant qu'elle écoute** la radio.
20. On peut réussir dans la vie **si on travaille** sérieusement.
21. On peut passer un week-end agréable **si on va** à la montagne.
22. Vous pouvez fermer la porte **si vous appuyez** sur le bouton.
23. Elle bavarde avec son amie **pendant qu'elle repasse** le linge.
24. Une jeune femme **qui a fait** des études de français cherche un emploi comme institutrice.
25. **Comme son vélo était en panne**, il ne pouvait pas participer à la course.
26. Une jeune fille **qui aime** bien les enfants cherche une place comme fille au pair.
27. **Puisque Fernand n'a pas beaucoup de temps**, sa mère l'aide à faire le ménage.
28. On peut rester en pleine forme **si on s'entraîne** trois fois par semaine.
29. **Si tu prends** le métro, tu ne manqueras pas l'avion.
30. **Pendant qu'il attendait** dans la salle d'attente, il lisait un journal.
31. **Comme nous n'avons pas trouvé** d'hôtel, on a dormi dans la voiture.
32. Je t'ai téléphoné **parce que je pensais** que tu pourrais m'aider.
33. **Puisque je savais** que ce cadeau ferait plaisir à Charles, je le lui ai acheté.
34. **Pendant qu'elle prenait** un bain, elle écoutait sa musique préférée.

35. **Quand il a sorti** les valises du grenier, il a remarqué un nid d'oiseau.
36. **Comme il avait oublié** les règles, il n'a pas réussi à l'examen.
37. Elle est tombée malade **parce qu'elle a mangé** un poisson avarié.
38. Il aime bien le calme du lac, il y passe donc ses week-ends.
39. **Comme elle a peur** de monter en avion, elle prend le train.
40. **Si elle regarde** les annonces, elle trouvera un appartement convenable.
41. **Si tu écris** d'abord le vocabulaire, tu pourras l'apprendre facilement.
42. **Quand papa est arrivé** à la maison, il a constaté qu'il avait perdu les clés.
43. **Si tu réfléchis** un peu, tu vas trouver une bonne solution.
44. **Comme il avait perdu** son passeport, il a dû aller à l'ambassade.
45. **Comme Pierre ne sait pas** apprendre des langues étrangères, il a pris l'option mathématiques.
46. Thomas n'aura plus de crème au caramel **parce qu'il est arrivé** en retard.
47. **Comme le film ne se terminera pas** avant 23 heures, nous ne pourrons plus prendre le bus.
48. Il cherche un emploi **qui l'intéresse** plus.
49. Vous resterez de bons amis **si vous discutez** de vos problèmes.
50. Est-ce que quelqu'un a vu les deux garçons **qui ont cassé** la fenêtre?
51. **Comme il est** un musicien extraordinaire, il a gagné beaucoup de prix.
52. **Si tu regardes** ta grand-mère tu peux apprendre à tricoter.
53. **Comme je connais** bien ses intentions, je l'évite.
54. Tu peux très bien aider Fernand **si tu l'écoutes**.
55. Pierre ne me regarde jamais dans les yeux **quand il me parle**.
56. **Comme il ne parle pas français**, il ne trouve pas son chemin.
57. Elle veut se reposer, **alors** elle va au parc.
58. **Puisque Pierre est très jaloux**, Monique se sent oppressée.
59. Elle fait beaucoup de sport **alors** elle entretient sa forme.
60. Tu ne dois pas parler **pendant que tu manges**.
61. La neige **qui tombe** depuis une semaine est un véritable problème pour les automobilistes.
62. Elle lui a raconté son histoire **pendant qu'elle pleurait**.
63. Le chat **qui appartient** à ma voisine s'appelle Michou.
64. Les garçons sont entrés **pendant qu'ils bavardaient**.
65. **Si tu buvais** plus d'eau, tu guérirais plus vite.
66. Le musée d'Orsay **qui présente** les impressionnistes, a beaucoup plu aux élèves.
67. **Puisque maman doit travailler** le week-end, nous ne pourrons pas aller à Vienne.
68. **Si elle s'habillait** d'une façon plus chic, elle semblerait être plus jeune.
69. Elle se coiffe **pendant qu'elle regarde** dans la rue.
70. **Il savait qu'elle était triste, mais** il ne l'a pas aidée.
71. **Comme elle avait passé** de bonnes vacances, elle était heureuse.

RÉVISION: METS LE PASSIF

Voir d'abord ☺ **IV** p 79.

1. Le chien mange l'os.
2. Pierre rangeait la chambre.
3. Le chat a mangé la souris.
4. Marie avait acheté la robe.
5. Le rat mangera le fromage.
6. Papa aura pris le café.
7. Le prof louerait les élèves.
8. La secrétaire aurait tapé la lettre.
9. La concierge doit fermer la porte.
10. Le ministre peut voter la loi.
11. Le journaliste pourrait interroger le député.
12. Maman va trouver les clés.
13. Tu dois payer bientôt la facture.
14. Les Morel ont invité les Dufour.
15. Un camion avait écrasé un chat.
16. Paul ferme la fenêtre.
17. Les Cluzet auraient invité Pauline.
18. L'oiseau mangera le ver.
19. La prof a interrogé le candidat.
20. La police va arrêter l'accusé.
21. La police arrêtera l'accusé.
22. Les élèves doivent faire les devoirs.
23. Luc peut arroser les fleurs.
24. Le directeur a rejeté la requête.
25. On demande madame Jallot au téléphone.
26. On a volé le vélo de Pilou.
27. Les inondations ont détruit le village.
28. Maman repassera la jupe.
29. La prof corrigerait les résumés des élèves.
30. On aurait démoli la tour.
31. Papa avait nettoyé la cuisine.
32. Ils doivent dégager la rue.
33. On fixera les dates des examens.
34. Monsieur Pichat aurait résolu le problème.
35. On avait traduit le poème en français.
36. François doit rédiger un texte.
37. On pourrait reconstruire les maisons.
38. Papa aura vendu la voiture la semaine prochaine.
39. Madame Paret va accompagner madame Lancellin.
40. La police aurait pu surprendre le cambrioleur.

LE SUBJONCTIF

A. BILDUNG:

Der **subjonctif** wird meist aus der **3. Person Plural Präsens** abgeleitet. Er hat fast immer die Konjunktion **que** vor sich stehen.

1. Regelmäßige Bildung:

porter ils port (ent)	
que je	port**e**
que tu	port**es**
qu'il/**qu**'elle/**qu**'on	port**e**
que nous	port**ions**
que vous	port**iez**
qu'ils /**qu**'elles	port**ent**

finir ils finiss (ent)	
que je	finiss**e**
que tu	finiss**es**
qu'il/**qu**'elle/**qu**'on	finiss**e**
que nous	finiss**ions**
que vous	finiss**iez**
qu'ils /**qu**'elles	finiss**ent**

rendre ils rend (ent)	
que je	rend**e**
que tu	rend**es**
qu'il/**qu**'elle/**qu**'on	rend**e**
que nous	rend**ions**
que vous	rend**iez**
qu'ils /**qu**'elles	rend**ent**

sortir ils sort (ent)	
que je	sort**e**
que tu	sort**es**
qu'il/**qu**'elle/**qu**'on	sort**e**
que nous	sort**ions**
que vous	sort**iez**
qu'ils /**qu**'elles	sort**ent**

dire ils dis (ent)	
que je	dis**e**
que tu	dis**es**
qu'il/**qu**'elle/**qu**'on	dis**e**
que nous	dis**ions**
que vous	dis**iez**
qu'ils /**qu**'elles	dis**ent**

oublier ils oubli (ent)	
que j'	oubli**e**
que tu	oubli**es**
qu'il/**qu**'elle/**qu**'on	oubli**e**
que nous	oubl**iions**
que vous	oubl**iiez**
qu'ils /**qu**'elles	oubli**ent**

2. Unregelmäßige Bildung:

avoir	
que j'	**aie**
que tu	**aies**
qu'il	**ait**
que nous	**ayons**
que vous	**ayez**
qu'ils	**aient**

être	
que je	**sois**
que tu	**sois**
qu'il	**soit**
que nous	**soyons**
que vous	**soyez**
qu'ils	**soient**

faire	
que je	**fasse**
que tu	**fasses**
qu'il	**fasse**
que nous	**fassions**
que vous	**fassiez**
qu'ils	**fassent**

aller	
que j'	**aille**
que tu	**ailles**
qu'il	**aille**
que nous	**allions**
que vous	**alliez**
qu'ils	**aillent**

vouloir	
que je	**veuille**
que tu	**veuilles**
qu'il	**veuille**
que nous	**voulions**
que vous	**vouliez**
qu'ils	**veuillent**

valoir	
que je	**vaille**
que tu	**vailles**
qu'il	**vaille**
que nous	**valions**
que vous	**valiez**
qu'ils	**vaillent**

3. Weitere Verben im Überblick:

boire	**que** je **boive**	**que** nous **bu**vions
devoir	**que** je **doive**	**que** nous devions
connaître	**que** je **connaisse**	**que** nous connaissions
courir	**que** je **coure**	**que** nous courions
croire	**que** je **croie**	**que** nous cro**y**ions
écrire	**que** j'**écrive**	**que** nous écrivions
envoyer	**que** j'**envoie**	**que** nous envo**y**ions
jeter	**que** je **jette**	**que** nous jetions
lire	**que** je **lise**	**que** nous lisions
mettre	**que** je **mette**	**que** nous mettions
mourir	**que** je **meure**	**que** nous m**ou**rions
ouvrir	**que** j'**ouvre**	**que** nous ouvrions
partir	**que** je **parte**	**que** nous partions
pouvoir	**que** je **puisse**	**que** nous puissions
prendre	**que** je **prenne**	**que** nous pre**n**ions
recevoir	**que** je **reçoive**	**que** nous **recevions**
rire	**que** je **rie**	**que** nous r**ii**ons
s'asseoir	**que** je m'**asseye** **que** je m'**assoie** (selten)	**que** nous nous asse**yi**ons **que** nous nous asso**yi**ons (selten)
savoir	**que** je **sache**	**que** nous sachions
se taire	**que** je me **taise**	**que** nous nous tais**ions**
se lever	**que** je me lève	**que** nous nous levions
venir	**que** je **vienne**	**que** nous venions
vivre	**que** je **vive**	**que** nous vivions
voir	**que** je **voie**	**que** nous vo**y**ions
falloir	**qu'**il **faille**	——
pleuvoir	**qu'**il **pleuve**	——

B. VERWENDUNG:

Der ***subjonctif*** drückt aus, dass etwas nur **gedacht**, **gefühlt**, **gewollt**, **ersehnt**, **vermutet**, **bezweifelt**, **bedauert**, **befohlen**, **erbeten** ist.
Im Deutschen kennen wir diese Verwendung nicht.

1. Ausrufe, Befehle, Einladungen, Redewendungen:

Vive la liberté!	*Es lebe die Freiheit!*
Vive (im Singular) les vacances!	*Es leben die Ferien!*
Puissiez-vous revenir sain et sauf!	*Mögen Sie wohlbehalten zurückkehren!*
Qu'elle **vienne**!	*Dass sie doch käme! / Sie soll kommen!*
Qu'il **finisse** enfin!	*Er soll endlich aufhören!*
Dieu vous **garde**!	*Gott behüte Sie/euch!*
Ainsi **soit**-il!	*So sei es! / Amen!*
Sauve qui peut!	*Rette sich wer kann!*
Advienne que pourra!	*Komme, was da wolle!*
Comprenne qui pourra!	*Das soll einer verstehen!*
Autant que je **sache**	*Soviel ich weiß*
Coûte que **coûte**!	*Koste es, was es wolle!*
Honni **soit** qui mal y pense!	*Ein Schelm, wer Schlechtes dabei denkt!*

2. Er wird nach Verben des **Gefühlsausdrucks, der persönlichen Meinungsäußerung** und **des persönlichen Urteils** verwendet:

admirer		*bewundern*
adorer		*anbeten*
aimer		*lieben*
aimer mieux		*lieber haben*
apprécier		*schätzen*
approuver		*billigen*
avoir honte		*sich schämen*
avoir peur		*Angst haben*
craindre		*fürchten*
déplorer	**que**	*beklagen*
désespérer	**qu'**	*verzweifeln*
détester		*verabscheuen*
mériter		*verdienen*
s'étonner		*erstaunt sein*
se fâcher		*sich ärgern*
s'indigner		*sich entrüsten*
s'inquiéter		*sich beunruhigen*
se moquer		*sich lustig machen*
se plaindre		*sich beklagen*
se réjouir		*sich freuen*

redouter		*befürchten*
regretter		*bedauern*
se rejouir		*sich freuen*
trouver bon		*gut finden*
trouver mauvais		*schlecht finden*
trouver étrange		*seltsam finden*
trouver drôle		*komisch finden*
cela m'amuse	**que**	*es amüsiert mich*
cela m'étonne	**qu'**	*es wundert mich*
cela me gêne		*es stört mich*
cela m'inquiète		*es beunruhigt mich*
cela me plaît		*es gefällt mir*
il me plaît		*es gefällt mir*
il me déplaît		*es missfällt mir*
cela me surprend		*es erstaunt mich*

être affligé		*betrübt sein*
être charmé		*bezaubert sein*
être choqué		*schockiert sein*
être content		*zufrieden sein*
être déçu		*enttäuscht sein*
être désolé		*jem. Leid tun*
être effrayé		*entsetzt sein*
être enchanté		*entzückt sein*
être étonné		*erstaunt sein*
être fâché / fâcheux		*ärgerlich sein*
être fatal		*verhängnisvoll*
être fier		*stolz sein*
être flatté	**que**	*sich geschmeichelt fühlen*
être furieux	**qu'**	*wütend sein*
être gêné		*befangen sein*
être heureux		*glücklich sein*
être indigné		*entrüstet sein*
être malheureux		*unglücklich sein*
être mécontent		*unzufrieden sein*
être ravi		*entzückt sein*
être satisfait		*zufrieden sein*
être stupéfait		*verblüfft sein*
être surpris		*überrascht sein*
être triste		*traurig sein*

3. Der ***subjonctif*** wird verwendet nach Verben des **Wollens, Wünschens, Forderns, Vorschlagens, Ablehnens, Verbietens**:

accepter		*akzeptieren*
aimer bien		*gerne haben*
aimer mieux		*lieber haben*
approuver		*billigen*
attendre		*erwarten*
autoriser		*ermächtigen*
avoir envie		*Lust haben*
commander		*befehlen*
consentir		*zustimmen, einwilligen*
défendre		*verbieten*
demander		*verlangen*
désapprouver		*missbilligen*
désirer		*wünschen*
empêcher		*verhindern*
être d'accord		*einverstanden sein*
éviter		*vermeiden*
exiger		*fordern*
interdire	**que**	*verbieten*
ordonner	**qu'**	*befehlen*
permettre		*erlauben*
préférer		*vorziehen*
prendre garde		*sich hüten*
prier		*bitten*
proposer		*vorschlagen*
refuser		*ablehnen*
souhaiter		*wünschen*
supplier		*anflehen*
supporter		*ertragen*
tâcher		*versuchen*
tenir à ce		*Wert darauf legen*
tolérer		*zulassen*
veiller à ce		*dafür sorgen*
vouloir		*wollen*

il convient		*es ist angemessen*
il faut		*es ist nötig, man muss*
il faudrait		*man müsste*
il importe		*es ist wichtig*
il suffit		*es genügt*
il est bon/mauvais		*es ist gut/schlecht*
il est important	**que**	*es ist wichtig*
il est indispensable	**qu'**	*es ist unerlässlich*
il est nécessaire		*es ist notwendig*
il est normal		*es ist normal*
il est utile		*es ist nützlich*
il vaut mieux		*es ist besser*
il vaudrait mieux		*es wäre besser*

4. Der ***subjonctif*** steht nach Verben und Adjektiven des **Zweifels, der Ungewissheit,** der **Unsicherheit** und der **Verneinung**:

contester		*bestreiten*
douter (+ ne explétif)		*bezweifeln*
mettre en doute		*in Zweifel ziehen*
ignorer		*nicht wissen*
nier		*leugnen*
supposer		*vermuten*
il arrive		*es kommt vor*
il est douteux	**que**	*es ist zweifelhaft*
il se peut	**qu'**	*es kann sein*
il est possible		*es ist möglich*
il est impossible		*es ist unmöglich*
il est surprenant		*es ist überraschend*
il est peu probable*		*es ist wenig wahrscheinlich*
il est improbable		*es ist unwahrscheinlich*
il est invraisemblable		*es ist unwahrscheinlich*
il n'est pas certain		*es ist nicht gewiss*
il n'est pas sûr		*es ist nicht sicher*
il n'est pas vrai		*es ist nicht wahr*

*(*Siehe auch p 31, 8/Achtung)*

Achtung 1:

♦ **sembler**, **supposer**, **admettre, arriver** + ***subjonctif*** =
Ungewissheit, Unsicherheit
Il **semble** que le livre lui **ait** plu. *(Vielleicht, man ist nicht sicher.)*
Supposons qu'il **soit** en retard .... *(Nehmen wir einmal an ....)*
Admettons que papa **soit** d'accord .... *(Nehmen wir einmal an ....)*

♦ **sembler**, **supposer**, **admettre, arriver** + ***indicatif*** =
Sicherheit, Tatsache
Il **semble** que le livre lui **a** plu.*(dass es ihm tatsächlich gefallen hat)*
Je **suppose** que tu n'**as** plus faim.
Ich nehme an, dass du keinen Hunger mehr hast.
J'**admets** qu'il en **est** ainsi. *Ich gebe zu, dass es so ist.*

♦ **il <u>me</u> / <u>te</u> / <u>lui</u> semble** que + ***indicatif***
il paraît que + ***indicatif***

Il me semble qu'il **a** trouvé une femme admirable.
Il paraît qu'il ne **peut** pas partir en vacances.

♦ **ne pas douter** que , **il n'est pas douteux** que + ***indicatif*** =
Sicherheit, Tatsache
Je **ne doute pas** qu'il **est** venu hier. *Ich bezweifle nicht, dass er ....*

Achtung 2:

- Nach **espérer** steht in der **bejahten Form** meistens das ***Futur***.

  J'**espère** qu'il **viendra** demain.
  Nous **espérons** qu'il ne **sera** pas en retard.

  Man findet aber auch das ***Präsens***:

  J'**espère** que tu **sais** ce que tu fais.
  Ich hoffe, du weißt, was du tust.

- Nach **espérer** steht in der **fragenden** und **verneinten Form** <u>meist</u> der ***subjonctif***.
  In der *langue parlée* findet sich auch das *Futur*.

  Espères-tu qu'il **vienne** encore**?**
  Je **n'espère plus** qu'il **vienne**.
  Ich hoffe nicht mehr, dass er kommt.
  Je **n'espère plus** qu'il **viendra**. (*futur* in der *langue parlée*)
  Ich hoffe nicht mehr, dass er kommt.

- Nach den **bejahten Verben der <u>Furcht</u>** und **des <u>Zweifels</u>** kann ein ***ne*** im Nebensatz stehen, das jedoch **nicht übersetzt** wird. (***ne* explétif** p 37)

  J'**ai peur** qu'il **<u>ne</u> soit** malade.
  Ich habe Angst, dass er krank ist.
  Je **crains** qu'il **<u>ne</u> vienne**.
  Ich fürchte, dass er kommt.
  Il s'est enfui **de peur qu'**on **<u>ne</u>** le **trouve**.
  Er ist geflohen aus Furcht, dass man ihn fände.

  Aber in der Verneinung <u>mit *pas*</u>:

  Je crains qu'il **<u>ne</u>** vienne **<u>pas</u>**.
  *Ich fürchte, dass er **nicht** kommt.*

Achtung 3:

- Nach **décider** *(beschließen)* und **résoudre** *(beschließen)* steht meist das ***Futur*** oder das ***Konditional***.

  Il **décide** qu'il **partira** demain.
  Elle a **résolu** qu'elle **ira** en France.

- Nach **persuader** *(überreden)*, **convaincre** *(überzeugen)* und **promettre** (versprechen) steht **NUR** der ***indicatif***.

  Il m'a **persuadé** que je l'**aidais**.
  Il a **convaincu** le juge qu'il **est** innocent.
  Elle **promet** qu'elle ne **sera** pas en retard.

- Bei **dire, écrire, téléphoner** steht **NUR** **dann** der ***subjonctif***, wenn ein **Befehl** ausgedrückt wird.

  Dites à François **qu'**il **vienne**.
  Téléphonez à monsieur Leclerc **qu**'il se **présente** demain.
  Écris à Bertrand **qu**'il **prenne** le train à six heures.

- Bei **Subjektsgleichheit** zieht der Franzose eine **Infinitivkonstruktion** vor.

  Je veux partir maintenant.
  (**gleiches** Subjekt ⇨ **Infinitiv**konstruktion)
  Je veux que **tu partes**.
  (**verschiedene** Subjekte ⇨ **subjonctif**)

- Bei **comprendre** steht der ***subjonctif*** um **Zweifel** auszudrücken.

  Je **comprends qu'**il **soit** mécontent.
  Ich könnte wohl verstehen, dass er unzufrieden ist.

  Bei **comprendre** steht der ***indicatif*** um **Tatsachen** auszudrücken.

  Je **comprends qu**'il **s'ennuyait** hier.
  Ich verstehe, dass er sich gestern gelangweilt hat.

5. Nach **Verben des Sagens und Denkens** vor allem bei ***croire, penser, espérer,*** steht der ***subjonctif*** **nur dann** wenn sie

- einen **Befehl** oder eine **Bedingung** zum Ausdruck bringen,
- einen **Zweifel** oder **Erstaunen** ausdrücken,
- **nur** in **Fragen, auf die man ein *„nein“* erwartet** und
- in der **Verneinung**, wenn ein **Zweifel** besteht.

Bei allen anderen Verben der Liste zieht der Franzose in **Frage** und **Verneinung** meist den ***subjonctif*** vor. *(Siehe Tabelle: **Vergleiche**)*

Verben des Sagens:			Verben des Denkens:		
affirmer		*versichern*	**croire**		*glauben*
assurer		*versichern*	**penser**		*denken*
avouer		*gestehen*	**savoir**		*wissen*
convenir		*zugeben*	**considérer**		*bedenken*
déclarer		*erklären*	**espérer**		*hoffen*
dire*		*sagen*	**se figurer**		*sich einbilden*
écrire*		*schreiben*	**remarquer**		*bemerken*
entendre dire	**que**	*gehört haben*	**s'imaginer**	**que**	*sich einbilden*
jurer	**qu'**	*schwören*	**estimer**	**qu'**	*schätzen*
prétendre		*behaupten*	**se souvenir**		*sich erinnern*
promettre		*versprechen*	**ignorer**		*nicht wissen*
soutenir		*unterstützen*	**être d'avis**		*der Ansicht sein*
raconter		*erzählen*	**trouver**		*finden*
répondre		*antworten*	**juger**		*der Meinung sein*
faire savoir		*wissen lassen*	**songer**		*denken, bedenken*
téléphoner*		*telefonieren*	**se rendre compte**		*s. bewusst werden*

(voir aussi p 25/Achtung 3)*

Vergleiche:	**Aussagesatz** + ***indicatif***	Je **crois** qu'il **viendra**.
	Inversionsfrage + ***subjonctif***	**Crois**-tu qu'il **vienne**?
	Inversionsfrage + ***indicatif***	**Crois**-tu qu'il **va venir**?
	Verneinung + ***subjonctif***	drückt ***Zweifel*** aus: Je ne **crois** pas qu'il **vienne**.
	Verneinung + ***indicatif***	drückt ***Tatsache*** aus: Je ne **pense** (**prétends**) pas qu'elle **est** jalouse.

Merke: In der **indi**rekten **Rede steht nur der *indi*catif !!**
Il **dit** qu'il **est** arrivé à huit heures.
Elle **a affirmé** qu'elle **était** à la maison.

6. In einem **<u>Relativsatz</u>** steht der ***subjonctif*** häufig nach

- **Superlativen**,
- nach **Ausdrücken** wie ***premier*** *(erster)*, ***dernier*** *(letzter)*, ***seul*** *(einziger)*, ***unique*** *(einzig)*, ***principal*** *(wichtigster)*, ***suprême*** *(höchster)*, ***rien*** *(nichts)*, ***quelqu'un*** *(jemand)*
- um einen **Wunsch** oder eine **Unsicherheit auszudrücken** und
- in der **Verneinung**.

Exemples:

C'est **le mieux que** tu **puisses** faire.
Das ist das Beste was du tun kannst.
C'est **le meilleur** livre **que** j'**aie** jamais lu.
Das ist das beste Buch, das ich jemals gelesen habe.
C'est **le premier** jour qui ne **soit** pas pluvieux.
Das ist der erste Tag, der nicht regnerisch ist.
C'est le livre **le plus intéressant** que j'**aie** lu.
Das ist das interessanteste Buch, das ich gelesen habe.
Paris est **la plus belle** ville **qu**'on **puisse** s'imaginer.
Paris ist die schönste Stadt, die man sich vorstellen kann.
Elle est **la seule femme** qu'il **ait** jamais aimée.
Sie ist die einzige Frau, die er jemals geliebt hat.
Elle cherche un mari **qui soit** très riche. *(Wunsch)*
Sie sucht einen Mann, der sehr reich ist.
Il **n'y a personne qui soit** prêt à l'aider. *(Verneinung)*
Es gibt niemanden, der bereit ist, ihr/ihm zu helfen.
Je ne connais **rien qui soit** plus intéressant.
Ich kenne nichts, das interessanter ist.
Y a-t-il encore **quelqu'un qui** ne **sache** pas comment ça fonctionne?
Gibt es noch jemanden, der nicht weiß wie das funktioniert?

Achtung:

Möchte man jedoch **nach einem Superlativ** oder nach **Ausdrücken wie oben <u>absolute</u> <u>Sicherheit</u>** bzw. eine **<u>Tatsache</u>** zum Ausdruck bringen, so verwendet man den **Indikativ**:

C'est **le seul** livre **que** j'**ai** acheté. ***(Tatsache)***
Pierre est **le dernier qui est** venu. ***(Tatsache)***
Elle mange **le seul** bonbon **qu**'elle **a** dans sons sac. ***(Tatsache)***

7. Der *subjonctif* steht nach bestimmten **Konjunktionen, Zeitbestimmungen, präpositionalen Ausdrücken** und **Nomen**:

bien que	*obwohl* (Schriftsprache)
quoique	*obwohl*
malgré que	*obwohl* (gesprochene Sprache)
à condition que	*vorausgesetzt dass*
pourvu que	*vorausgesetzt dass*
à moins que ... ne	*es sei denn, soferne nicht*
sans que	*ohne dass*
jusqu'à ce que	*bis*
de peur que (ne)	*aus Furcht, dass*
de crainte que (ne)	*aus Furcht, dass*
avant que	*bevor*

Anmerkung:	**après que** *nachdem* Nach **après que** wird der ***subjonctif*** heute analog zu **avant que** immer häufiger verwendet.

que	*damit*	
de (telle) sorte que	*damit*	
en sorte que	*damit (nur mehr in älteren Werken)*	
de manière que	*damit*	
de façon que	*damit*	Ab**s**icht + **s**ubjonctif
pour que	*damit*	
afin que	*damit (Schriftsprache)*	
à seule fin que	*nur damit (nur mehr in älteren Werken)*	

Achtung:	Heißt **de sorte que, de façon que, de manière que** aber ***sodass / infolgedessen,*** so steht der ***indicatif***. Il pleut **de sorte qu**'on doit rester a la maison. *(sodass)* **F**olge + indicati**f**

tout ... que	*so (wie) ... auch*
qui que	*wer auch immer*
où que	*wohin auch immer*
quoi que	*was auch immer* **(Vergleiche: *quoique = obwohl*)**
quel que	*wie / welcher Art auch immer*
quelque ... que	*(so) wie ... auch*

Exemples:

Qui que vous **soyez**, **soyez** les bienvenus!
Wer auch immer ihr seid, seid willkommen!

Il la suit **où qu**'elle **aille**.
Er folgt ihr, wohin auch immer sie geht.

Ne la croyez pas, **quoi qu**'elle vous **promette**!
Glauben Sie ihr nicht, was auch immer sie Ihnen verspricht.

Quel que soit son âge, je l'aime.
Welches Alter er/sie auch immer hat, ich liebe ihn/sie.
Quelles que soient les difficultés, nous allons en parler.
Welcher Art auch immer die Schwierigkeiten sind,
wir werden darüber sprechen.

à supposer que	*angenommen dass*
en supposant que	*in der Annahme dass*
C'est une chance que	*es ist ein Glück dass*
Ce n'est pas que	*nicht etwa dass, nicht als ob*
soit que ... soit que	*sei es dass ... oder*
que ... ou que	*sei es dass ... oder*
Le fait que	*Die Tatsache dass*
faire attention à ce que	*Acht geben, dass*

Exemples:

Qu'il **pleuve**, **ou qu'**il **fasse** du vent, il viendra la voir.
Sei es dass es regnet, sei es dass es windig ist, er wird sie besuchen kommen.

Fais attention à ce que la porte **soit** fermée.
Gib Acht, dass die Tür geschlossen ist.

***Achtung*:**	Folgende Konjunktionen verlangen den ***indicatif*** und **nicht** den *subjonctif*:	

à mesure que	*in dem Maße wie*
aussitôt que	*sobald als*
depuis que	*seit(dem)*
dès que	*sobald als*
lorsque	*als*
parce que	*weil*
pendant que	*während*
puisque	*da ja*
selon que	*je nachdem ob*
si ... que	*sodass*
si bien que	*sodass, infolgedessen*
tandis que	*während, hingegen*
de sorte que	*sodass / infolgedessen* (**F**olge + indicati**f**) ***(de sorte que = damit + subjonctif,*** *p 28)*
de façon que	*sodass / infolgedessen* (**F**olge + indicati**f**) ***(de façon que = damit + subjonctif,*** *p 28)*
de manière que	*sodass / infolgedessen* (**F**olge + indicati**f**) ***(de manière que = damit + subjonctif,*** *p 28)*

8. Der *subjonctif* nach unpersönlichen Ausdrücken:

c'est dommage		*es ist schade*
c'est une honte		*es ist eine Schande*
comment se fait-il		*wie kommt es*
il arrive		*es kommt vor*
il est absurde		*es ist unsinnig*
il est affreux		*es ist furchtbar*
il est bizarre		*es ist sonderbar*
il est compréhensible		*es ist verständlich*
il est convenable	**que**	*es ist schicklich, richtig*
il est curieux	**qu'**	*es ist seltsam*
il est déplorable		*es ist bedauerlich*
il est dommage		*es ist schade*
il est essentiel		*es ist wesentlich*
il est étonnant		*es ist erstaunlich*
il est faux		*es ist falsch*
il est honteux		*es ist eine Schande*
il est improbable		*es ist unwahrscheinlich*
il est inévitable		*es ist unvermeidlich*

il est injuste		*es ist ungerecht*
il est inquiétant		*es ist beunruhigend*
il est juste		*es ist gerecht*
il est naturel		*es ist natürlich*
il est normal		*es ist normal*
il est rare		*es ist selten*
il est regrettable	**que**	*es ist bedauerlich*
il est superflu	**qu'**	*es ist überflüssig*
il est grand temps		*es ist höchste Zeit*
il est temps		*es ist Zeit*
il est utile		*es ist nützlich*
il suffit		*es genügt*
il vaut mieux		*es ist besser*

Achtung: Der ***indicatif*** steht nach Ausdrücken, die im Französischen eine **Gewissheit**, eine **Tatsache** beschreiben:
(Abweichungen von dieser Regel finden sich vor allem in der gesprochenen Sprache.)
(Siehe auch *p 26/5, p 23/4/Achtung 1*)

il est certain		*es ist sicher*
il est clair		*es ist klar*
il est exact que		*es ist richtig, es stimmt*
il paraît		*es scheint*
il <u>me</u> semble		*es scheint mir*
il est évident		*es ist offensichtlich*
il est sûr	**que**	*es ist sicher*
il est vrai	**qu'**	*es ist wahr*
il est vraisemblable		*es ist wahrscheinlich*
il est probable*		*es ist wahrscheinlich*
ne pas ignorer		*sehr wohl wissen*
ne pas douter		*nicht bezweifeln*
il n'est pas douteux		*es steht außer Frage, es ist nicht zu bezweifeln*

(voir aussi p 23/4)

MÉTS LE SUBJONCTIF S'IL CONVIENT

1. C'est la plus belle ville que je .... (connaître).
2. J'aime que vous tous .... (être) contents.
3. Ainsi .... (être)-il.
4. Admettons que tu .... (se tromper).
5. J'espère qu'elle m' .... (aider) demain.
6. Espères-tu qu'il .... (venir) te voir?
7. J'attends jusqu'à ce qu'ils .... (venir).
8. Elle a ordonné qu'on ne .... (rentrer) pas trop tard.
9. Nous craignons que Paul .... (partir).
10. Veux-tu que je .... (faire) mes devoirs maintenant?
11. Je trouve que ce livre .... (être) difficile à lire.
12. Trouves-tu qu'il .... (être) aimable?
13. Je ne comprends pas que cette nouvelle l'..................................... (avoir) rendu malheureux.
14. Il a défendu qu'on .... (partir) plus tôt.
15. Il est temps que nous .... (rendre) les livres.
16. Elle a décidé qu'elle .... (finir) ses études en France.
17. Elle se plaint que vous n'.. (aider) jamais.
18. Il faut que nous .... (être) très sages.
19. Téléphone-lui qu'il .... (prendre) le bus le matin.
20. Tu veux que je .... (finir) de parler?
21. Y a-t-il quelqu'un qui .... (connaître) ce film?
22. J'aimerais tant que Philippe .... (revenir).
23. Je désire vraiment que tu .... (venir) me voir plus souvent.
24. Nous doutons que tu .... (avoir) raison, Pauline.
25. Je ne doute pas qu'il .... (être) très riche.
26. Je doute que François ne .... (pouvoir) venir.
27. Nous ne doutons pas qu'il .... (venir) demain.
28. Dites-lui qu'il .... (se dépêcher).
29. C'est le plus grand arbre qu'il .... (avoir) jamais vu.
30. .... (vivre) les vacances!
31. Dites-lui que je .... (devoir) partir demain.
32. Dites-lui que monsieur Desse .... (être) arrivé hier soir.
33. Il écrit qu'il ne .... (pouvoir) pas venir le week-end.
34. Écris-lui qu'elle .... (prendre) le train à six heures.
35. Empêchez que Nathalie le .... (savoir) trop tôt.
36. Elle mérite vraiment qu'on l'.. (aider).
37. Il m'a persuadé que je .... (devoir) manger quelque chose.
38. Il n'y a personne qui .... (être) plus charmant que mon frère.
39. Prends garde que personne ne te .... (surprendre).

40. Je regrette que son chef .... (être) si injuste.
41. Qu'elle .... (partir) enfin!
42. Je suppose que tu .... (être) prêt.
43. La prof ne supporte pas que nous .... (faire) des bêtises.
44. Je souhaite que vous .... (revenir) sain et sauf.
45. Supposez qu'il .... (être) à table.
46. Je suppose que vous .... (connaître) la vérité.
47. Je trouve bon que vous................................... (avoir) trouvé un emploi.
48. Je veux que tu .... (partir) maintenant.
49. Est-ce qu'il y a quelqu'un qui .... (pouvoir) nous aider?
50. Il faut que je .... (faire) mes devoirs maintenant.
51. Il importe que tu nous .... (dire) comment l'accident s'est passé.
52. Il est injuste que son chef .... (avoir) des préférées.
53. .... (advenir) que pourra!
54. C'est le seul film que j'...................... (avoir) vu pendant les vacances.
55. Il faut que vous .... (se lever) de bonne heure demain.
56. Je vous explique la règle afin que vous .... (pouvoir) faire cet exercice.
57. Vous permettez que je .... (remplir) votre verre?
58. Nous trouvons que vous .... (avoir) raison.
59. Je n'espère plus qu'elle .... (venir) encore.
60. Il est compréhensible qu'elle se .... (être) fâchée.
61. Il est nécessaire que nous .... (partir) maintenant.
62. Il est temps que vous .... (rentrer) avant qu'il ne .... (être) trop tard.
63. Il se peut que nos amis .... (être) déjà arrivés.
64. Il me semble qu'il .... (pleuvoir).
65. Autant que je .... (savoir), il arrivera demain.
66. Il faudrait que tout le monde .... (connaître) la vérité.
67. Il arrive qu'elle .... (partir) le matin.
68. Paris est la plus belle ville qu'on .... (pouvoir) visiter au printemps.
69. Il est vrai que Pierre .... (avoir) trouvé une maison à la plage.
70. Il est probable que Philippe .... (arriver) le week-end.
71. Je suis heureux que vous .... (être) venus me rendre visite.
72. Elle est triste que Fernand n'... (écrire) plus.
73. Quelle que .... (être) la difficulté, on t'aidera.
74. Il paraît qu'il .... (vouloir) rester en Fance.
75. Crois-tu qu'il .... (faire) des bêtises encore une fois?
76. Je suis désolé que cela .... (être) arrivé ainsi.
77. Je doute qu'il ne .... (venir).
78. Je considère que tu .... (avoir) raison.
79. Je ne considère pas qu'il .... (avoir) raison.

80. Je souhaite que vous ne .... (sortir) pas trop tard.
81. Toute capricieuse qu'elle .... (être), il l'adore.
82. Nous jugeons que sa présence .... (être) nécessaire pour nous.
83. Crois-tu qu'ils .... (être) déjà arrivés?
84. Thomas ne croit pas que nous .... (avoir) gagné hier.
85. Je ne peux pas croire qu'il .... (avoir) gagné.
86. Bien que Paul .... (être) un peu malade, il va au bureau.
87. Comprends-tu qu'il .... (être) déprimé maintenant?
88. Elle est si malade qu'elle .... (devoir) rester à l'hôpital.
89. Il est douteux qu'il .... (avoir) vraiment volé le vélo.
90. Il n'est pas douteux qu'il .... (avoir) vraiment volé le vélo.
91. Il paraît qu'il ne .... (pouvoir) pas partir en vacances.
92. Il espère que tu .... (venir).
93. Il dit qu'il .... (vouloir) partir en France.
94. Je sais bien que tu .... (être) fatigué.
95. Il est indispensable que nous .... (travailler) plus.
96. Je ne veux pas que vous .... (manger) dans la salle de séjour.
97. Elle cherche un mari qui .... (avoir) beaucoup de temps pour elle.
98. Je n'espère pas qu'elle .... (réussir).
99. Tu écris mal, de sorte que je ne .... (pouvoir) pas lire les mots.
100. Il faut s'en aller avant qu'il ne .... (pleuvoir).
101. Il doute que Michelle .... (venir) le soir.
102. Il ne doute pas que Pierre .... (venir) le matin.
103. Il est sûr qu'ils .... (se marier).
104. Il a affirmé qu'il .... (être) tout seul.
105. Il est naturel qu'elle .... (être) triste maintenant.
106. Je ne suis pas d'avis qu'on .... (devoir) l'attendre plus longtemps.
107. Je suis désolé que Pierre .... (être) si malade.
108. Madame Machat est malade de manière qu'elle ne .... (pouvoir) pas partir en vacances.
109. Croyez-vous qu'il .... (dire) la vérité maintenant?
110. Je ne pense pas qu'elle .... (être) très sympathique.
111. Je ne pense pas qu'elle .... (être) en retard.
112. Il dit qu'il .... (avoir) fait ses devoirs tout seul.
113. Je n'ignore pas que Pierre .... (être) déjà arrivé.
114. Il a beaucoup neigé de sorte qu'on .... (pouvoir) faire du ski.
115. Nous ne comprenons pas qu'il .... (avoir) quitté sa femme.
116. Il faudrait que les femmes .... (avoir) les mêmes droits que les hommes.

117. Supposez que Marcel .... (avoir) perdu.
118. Je suppose que vous .... (avoir) fait vos devoirs.
119. Admettons que notre prof .... (être) malade.
120. Il faut admettre que je me .... (être) trompé.
121. Je ne pense pas que Pilou .... (avoir) fait cela.
122. Nous ne pensons pas que nous .... (passer) nos vacances en France cette année.
123. tes-vous d'avis qu'elle .... (devoir) s'excuser?
124. J'ai peur que vous .... (oublier) notre rendez-vous.
125. De peur qu'il ne .... (être) puni, elle est partie.
126. J'attendrai ici jusqu'à ce que vous .... (arriver).
127. Que cela .... (être) bien fait!
128. C'est la dernière fois que nous les .... (inviter).
129. Où que tu .... (aller), je te suivrai.
130. Qu'il .... (pleuvoir), ou qu'il .... (neiger), je viendrai de toute façon.
131. Il fait froid de sorte qu'on ne .... (pouvoir) pas partir.
132. Je regrette vraiment qu'il y .... (avoir) autant de visiteurs.
133. Pourvu qu'ils ne .... (faire) pas de bêtises, ils peuvent rester plus longtemps.
134. Il est clair qu'il .... (écrire) à ton frère.
135. Allons encore au café avant que tu ne .... (partir).
136. Je suis étonné qu'il se .... (être) fâché comme ça.
137. Supposons qu'elle .... (avoir) oublié ses clés.
138. Elle nous a écrit pour que nous .... (venir) la voir.
139. Je doute qu'elle lui .... (écrire).
140. Il est dommage qu'il .... (vouloir) partir.
141. Il est grand temps qu'on .... (faire) nos devoirs.
142. Maman a toujours peur que nous ne .... (être) en retard.
143. Elle est partie sans que nous .... (avoir) eu la possibilité de lui parler.
144. Autant que je .... (savoir), il habite à Paris maintenant.
145. Il vaut mieux que vous ne la .... pas (contredire).
146. Il pleure parce qu'il .... (avoir) mal à la tête.
147. Puisqu'il .... (avoir) une bonne note il reçoit une invitation au cinéma.
148. Il est possible que Luc nous .... (rendre) visite la semaine prochaine.
149. Téléphone-lui qu'elle .... (se dépêcher).
150. J'aime mieux que vous .... (rester) chez nous ce soir.
151. .... (comprendre) qui pourra!
152. Elle a dormi dans la voiture jusqu'à ce qu'ils .... (être) arrivés à la maison.

153. Honni .... (être) qui mal y pense.
154. Nous avons peur qu'elle ne .... (être) grièvement blessée.
155. Je cherche une secrétaire qui .... (savoir) bien l'anglais.
156. Il est important que vous .... (faire) vos devoirs seuls.
157. Il est peu probable qu'il .... (avoir) gagné un prix.
158. Il est triste que tu ne .... (tenir) jamais tes promesses.
159. Il est rare que nous .... (rentrer) si tard.
160. Nous regrettons que vous n'.................................... (avoir) pas trouvé de chambres d'hôtel.
161. C'est dommage que vous .... (avoir) fait beaucoup de fautes.
162. Il est probable qu'il .... (avoir) gagné un prix.
163. Il est invraisemblable qu'il .... (avoir) gagné un prix.
164. Il est temps que vous .... (se lever).
165. Il est impossible que tu .... (faire) du bruit comme ça.
166. Il est indispensable que tu .... (dire) la vérité.
167. Il est certain que Pierre .... (avoir) son permis de conduire.
168. Quel que .... (être) ton problème, je t'aiderai.
169. On fera un pique-nique, à condition qu'il ne .... (pleuvoir) pas.
170. Que personne ne .... (rire)!
171. J'ai peur que François .... (avoir) perdu ses clés.
172. C'est vraiment le mieux que vous .... (pouvoir) faire.
173. Je ne trouve pas que leur maison .... (être) si belle.
174. Madame Machat est contente que sa fille .... (apprendre) le français.
175. Il faut absolument que je .... (suivre) un régime.
176. Bien qu'il .... (être) cn rctard, il ne se dépêche pas.
177. Pendant que Paul .... (boire) son café, Mireille bavardait avec son amie.
178. C'est le plus grand parc que je .... (connaître).
179. Monique est la première qui .... (être) venue.
180. Il est nécessaire que tu .... (savoir) tout.
181. Je ne veux pas qu'il s'en .... (aller).
182. Vous permettez que je .... (prendre) votre sac?
183. Je regrette que tu .... (devoir) partir maintenant.
184. Elle se plaint que nous n'.................................... (aller) jamais la voir.
185. Je ne pensais pas que ton sac .... (être) si lourd.
186. Je crois qu'elle .... (être) la seule qui .... (connaître) la vérité.
187. Il est certain que vous .... (venir) nous voir.
188. Je sais bien qu'elle .... (être) la seule qui .... (connaître) la vérité.
189. Parle plus lentement afin que nous .... (pouvoir) te comprendre.
190. Elle cherche une maison qui .... (convenir) à ses goûts.

NE (N') EXPLÉTIF

Das **ne *explétif*** wird vorwiegend in der **gehobenen** Sprache verwendet. Sein Gebrauch ist nicht verpflichtend. Es bleibt unübersetzt und steht nach:

1. der **positiven** Form der **Verben** des **Fürchtens** und **Verhinderns**: **craindre** *(befürchten)*, **avoir peur**, **empêcher** *(verhindern)*, **éviter** *(vermeiden)* in Verbindung mit dem ***subjonctif***.

Je **crains** qu'il (**ne**) *soit* parti.
Ich befürchte, dass er weggegangen ist.
Nous **avons peur** qu'il (**ne**) *soit* trop tard.
Wir haben Angst, dass es zu spät ist.
Évitez qu'on (**ne**) vous *entende*.
Vermeidet, dass man euch hört.

2. der **negativen** und **fragenden** Form der **Verben** des **Zweifels** und **Leugnens**: **nier** *(leugnen)*, **contester** *(anzweifeln)* in Verbindung mit dem ***subjonctif***.

Niez-vous qu'il (**ne**) *soit* déjà arrivé?
Leugnen Sie, dass er schon angekommen ist?

Zu **douter** *(bezweifeln)* und **ignorer** *(nicht wissen)* siehe p31/Achtung.
Da sie in der **Verneinung** eine **Tatsache** ausdrücken, und in Verbindung mit dem ***indicatif*** stehen, können sie **kein** ***ne explétif*** nach sich haben.

3. den **Konjunktionen**: **avant que** *(bevor)*, **à moins que** *(wofern nicht, es sei denn, außer wenn)*, **en attendant que** *(solange bis)*, **de peur que** *(aus Angst dass, damit nicht)*, **de crainte que** *(aus Angst dass)*

Il s'en va **avant qu**'il (**ne**) *soit* trop tard.
Er geht weg, bevor es zu spät ist.
On le verra **à moins qu**'il **ne** *soit* trop tard. (bei **à moins que** steht das ***ne*** fast immer!)
Wir werden ihn sehen, es sei denn, es ist zu spät.

4. einem **Vergleichssatz,** der ein **Gegenteil,** einen **Gegensatz ausdrückt**: **plus ... que, moins ... que, meilleur ... que, mieux ... que** etc.

Elle est **plus** gentille **qu**'on (**ne**) le croit. *(Gegensatz)*
Sie ist netter, als man glaubt.
Elle est **plus** riche **qu**'on (**ne**) pense. *(Gegensatz)*
Sie ist reicher, als man denkt.
Il fait **autrement qu**'il (**ne**) nous a annoncé. *(Gegensatz)*
Er tut anders, als er uns angekündigt hat.

NÉGATION SANS *PAS*

Siehe: ☺ **I** p 58 *(weitere Verneinungen)*, p 65 *(négation sans verbe)*, ☺ **IV** p 1- 6

Eine Verneinung **ohne** ***pas*** kann in der **Schriftsprache** verwendet werden:

1. nach **cesser** *(aufhören)*, **oser** *(wagen)*, **pouvoir** (besonders nach ***puis*** in gehobener Sprache älterer Schriftstücke), **savoir** *(wissen)*

Elle **ne** **cesse** de rire.	
Elle **n'ose** se lever.	
Nous **ne** **pouvons** faire cela seuls.	
On **ne** **peut** discuter avec toi!	
Je **ne** **puis** le croire! (littéraire)	*Ich kann das nicht glauben!*
Je **ne** **sais** que faire.	*Ich **weiß** nicht, was ich tun soll.*

Achtung: Das **pas** muss stehen bei **peux** und **savoir** ***(können)***:
je **ne** peux **pas**
je **ne** sais **pas** (chanter)

2. In einigen **Redewendungen**:

n'importe qui	*wer auch immer, jeder Beliebige*
Il fait **n'importe quoi**.	*Er macht irgend etwas.*
Si je ne me trompe, ...	*Wenn ich mich nicht irre, ...*
N'empêche que tu te trompes.	*Nichtsdestoweniger irrst du dich.*
Prends garde qu'on **ne** t'oublie!	*Gib Acht, dass man dich nicht vergisst.*
Il y a trois jours **qu**'elle **n**'a mangé.	*Seit 3 Tagen hat sie nicht gegessen.*
Il y a longtemps **qu**'il **n**'a téléphoné.	*Es ist schon lange her, dass er angerufen hat.*

Merke: **il y a ... que + ne** ohne **pas**
gilt nur in den **zusammengesetzten** Zeiten

3. In **verneinten Relativsätzen, nach verneintem Hauptsatz:**

Il **n'**y a **pas** de film **qu**'elle **n'**ait vu.
Es gibt keinen Film, den sie nicht gesehen hat.

À TRADUIRE: *NE* EXPLÉTIF / NÉGATION SANS *PAS*

Voir d'abord ***le subjonctif*** p 18 - 31.

1. Ich befürchte, dass er wegfährt.
2. Ich befürchte nicht, dass er zu spät ankommt.
3. Sie hört nicht zu weinen auf.
4. Man muss verhindern, dass er krank wird.
5. Ich befürchte, dass er nicht kommt.
6. Man kann mit ihm nicht diskutieren.
7. Er möchte verhindern, dass sie wegfährt.
8. Sie ist schlanker, als man glaubt.
9. Ich kann nicht schwimmen.
10. Wenn ich mich nicht irre, kommt er morgen.
11. Gib Acht, dass er nicht fällt.
12. Er ist ganz anders, als er früher war.
13. Es ist schon eine Woche, dass er nicht geschrieben hat.
14. Bezweifelt ihr, dass er eine Freundin hat?
15. Er läuft sehr schnell, aus Angst, dass sie zu spät kommen.
16. Wir werden Sie besuchen kommen, es sei denn wir stören Sie.
17. Ich kann Ihnen den Brief nicht schicken.
18. Wir müssen uns entschuldigen, bevor es zu spät ist.
19. Er liest die Zeitung, solange bis der Kaffee fertig ist.
20. Aus Angst, dass Sie traurig sind (= Damit Sie nicht traurig sind), informiere ich Sie jetzt.
21. Ich weiß nicht, wen ich fragen soll.
22. Seit einem Jahr sprechen sie nicht miteinander.
    (= Es ist ein Jahr, dass sie nicht miteinander sprechen.)
23. Wir müssen uns beeilen, bevor die Geschäfte schließen.
24. Ich befürchte nicht, dass er meinen Geburtstag vergisst.
25. Jeder Beliebige kann uns besuchen.
26. Bezweifeln Sie, dass sie alleine ist?
27. Bezweifelst du, dass er schon gegessen hat?
28. Ich befürchte immer, dass er Dummheiten macht.
29. Ich leugne nicht, dass das außergewöhnlich ist.
30. Er wagt nicht, Ihnen die Wahrheit zu sagen.
31. Wenn ich nicht irre, sind Sie Frau Baumert.
32. Das ist besser als ich es machen könnte.
33. Sie ist älter, als man denkt.
34. Sie singt irgend etwas.
35. Sie geht weg, bevor er sie findet.
36. Nichtsdestoweniger hat er Recht.

LE SUBJONCTIF PASSÉ

1. Bildung: mit **avoir** und **être** im **subjonctif** + **participe passé**.

que j'**aie** mangé	que je **sois** parti/e
que tu **aies** trouvé	que tu **sois** arrivé/e
qu'il/elle/on **ait** écrit	qu'il/elle/on **soit** venu/e
que nous **ayons** fait	que nous **soyons** sortis/sorties
que vous **ayez** téléphoné	que vs.**soyez** passé/e/passés/passées
qu'ils/elles **aient** fini	qu'ils/elles **soient** passés/passées

2. Verwendung: um **Vorzeitigkeit** auszudrücken.

Exemples:

Je **regrette** vraiment **qu**'il ne **soit** pas **arrivé** à l'heure.
Ich bedaure wirklich, dass er nicht rechtzeitig angekommen ist.
Je **suis heureuse que** Pierre **ait réussi** son permis de conduire.
Ich bin glücklich, dass Peter seinen Führerschein geschafft hat.
J'**aimerais** bien **que** vous **ayez téléphoné** avant.
Ich hätte gerne, dass Sie vorher angerufen hätten.

CONCORDANCE DES TEMPS AU SUBJONCTIF
Zeitenfolge im subjonctif

Der **subjonctif présent** steht nach Verben im
présent, futur, passé composé, imparfait, conditionnel I, conditionnel II.
Der **subjonctif** erhält seinen Zeitwert vom Verb des Satzes, von dem er abhängt:

Il veut/voudra/a voulu/voulait/voudrait/aurait voulu **qu**'elle **vienne**.

Um **Vorzeitigkeit** auszudrücken wird der **subjonctif passé** verwendet:

Je suis désolé qu'il n'**ait** pas **gagné**.

L’IMPARFAIT DU SUBJONCTIF

1. Bildung: Es wird gebildet aus der **2. Person Singular** des **passé simple** (p 68).

être	**avoir**	**finir**
tu fus	tu eus	tu finis
que je fus**se**	que j’eus**se**	que je finis**se**
que tu fus**ses**	que tu eus**ses**	que tu finis**ses**
qu’il/elle **fût**	qu’il/elle e**ût**	qu’il/elle fin**ît**
que nous fus**sions**	que nous eus**sions**	que ns. finis**sions**
que vous fus**siez**	que vous eus**siez**	que vous finis**siez**
qu’ils/elles fus**sent**	qu’ils/elles eus**sent**	qu’ils finis**sent**

devoir	**venir**	**savoir**
tu dus	tu vins	tu sus
que je dus**se**	que je vins**se**	que je sus**se**
que tu dus**ses**	que tu vins**ses**	que tu sus**ses**
qu’il/elle d**ût**	qu’il/elle v**înt**	qu’il/elle s**ût**
que nous dus**sions**	que nous vins**sions**	que nous sus**sions**
que vous dus**siez**	que vous vins**siez**	que vous sus**siez**
qu’ils/elles dus**sent**	qu’ils/elles vins**sent**	qu’ils/elles sus**sent**

dire	**vouloir**	**aller**
tu dis	tu voulus	tu allas
que je dis**se**	que je voulus**se**	que j’allas**se**
que tu dis**ses**	que tu voulus**ses**	que tu allas**ses**
qu’il/elle d**ît**	qu’il/elle voul**ût**	qu’il/elle all**ât**
que nous dis**sions**	que ns. voulus**sions**	que ns. allas**sions**
que vous dis**siez**	que vous voulus**siez**	que vous allas**siez**
qu’ils/elles dis**sent**	qu’ils voulus**sent**	qu’ils allas**sent**

2. Verwendung: Man findet das **imparfait du subjonctif** nur mehr in der früheren **langue cultivée écrite**.
Es wird lediglich benötigt, um ältere Texte zu verstehen.

Exemple: Les gens **ne croyaient pas que** la terre **fût** ronde.

METS LE SUBJONCTIF PASSÉ

1. Admettons que tu .... (se tromper).
2. Je regrette que vous .... (ne pas écrire) avant.
3. Le témoin a contesté que cela .... (se passer) de cette façon.
4. Nous craignons que Paul .... (ne pas partir).
5. Je comprends bien que cette nouvelle .... (le rendre) malheureux.
6. Mon amie est heureuse que son fils .... (réussir) à l'examen.
7. Nous sommes bien contents qu'il .... (ne pas perdre) ses clés.
8. Je voudrais bien que vous .... (finir) vos devoirs avant que vous sortiez.
9. J'aurais souhaité qu'elle .... (arriver) plus tard.
10. C'est dommage que vous .... (ne pas trouver) son adresse.
11. Je m'étonne qu'il .... (ne rien savoir).
12. Je ne crois pas qu'elle .... (déjà partir).
13. Maman aurait aimé que vous .... (rentrer) plus tard.
14. Admettez qu'ils .... (se tromper).
15. C'est la ville la plus intéressante qu'il .... (jamais visiter).
16. Elle regrette qu'ils .... (faire) des bêtises.
17. Elle est heureuse que son amie .... (trouver) un mari.
18. Je ne comprends pas qu'il .... (se fâcher) comme ça.
19. C'est possible que les Legrand .... (déjà arriver).
20. Ce n'est pas vrai qu'il .... (trouver) une maison à Vienne.
21. Elle était très heureuse que vous .... (venir) lui rendre visite.
22. Elle est triste que Paul .... (ne pas lui écrire).
23. C'est insupportable que cela .... (arriver) ainsi.

24. Elle s'étonne qu'il .... (finir) ses études si vite.
25. Crois-tu qu'ils lui .... (déjà téléphoner).
26. Il est naturel qu'elle .... (être) triste.
27. Croyez-vous qu'elle .... (dire) la vérité?
28. Je ne peux pas croire que Pilou .... (faire) cela.
29. Nous avons peur qu'ils .... (oublier) notre rendez-vous.
30. Nous regrettons qu'il y .... (venir) trop de monde.
31. Supposons qu'elle .... (ne pas trouver) le chemin.
32. Elle a peur que nous .... (se tromper).
33. Elle est partie sans que nous .... (lui dire) au revoir.
34. J'aurais bien aimé que vous .... (ne pas partir).
35. Elle a attendu jusqu'à ce qu'ils .... (arriver) à la maison.
36. Il est peu probable qu'il .... (dire) cela.
37. Il est triste que tu .... (ne pas tenir) ta promesse.
38. Nous regrettons que vous .... (ne pas trouver) de maison convenable.
39. J'ai peur qu'il .... (mentir).
40. C'est le mieux que vous .... (pouvoir) faire.
41. Elle est contente que sa fille .... (passer) son bac.
42. Cela me surprend qu'il .... (ne rien comprendre).
43. Je regrette que vous .... (ne pas sortir) avec nous.
44. Elle doute qu'il .... (tout préparer).
45. Cela nous a étonnés qu'elles .... (partir) sans rien dire.
46. Ce n'est pas possible que tu .... (ne pas nous entendre).
47. Je ne trouve pas bon que vous .... (choisir) ce livre.
48. Maman regrette vraiment que vous .... (ne pas rester) au dîner.
49. Je doute qu'il .... (mériter) la récompense.
50. Il vaudrait mieux qu'elle .... (se taire).

LES PRÉPOSITIONS *AVANT, DEVANT, APRÈS, DERRIÈRE, ENTRE, PARMI, IL Y A, DANS, EN, À*

1. avant / devant *vor*

a) avant bezeichnet ein **zeitliches** Verhältnis, eine **zeitliche** Folge
b) devant bezeichnet ein **örtliches** Verhältnis

Exemples:

Il m'a téléphoné **avant** le déjeuner. *(vor dem Essen)*
La piscine se trouve **devant** le parc. *(vor dem Park)*

2. après / derrière *nach, hinter*

a) après bezeichnet ein **zeitliches** Verhältnis, eine **zeitliche** Folge
b) derrière bezeichnet ein **örtliches** Verhältnis

Exemples:

Elle a pleuré **après** son départ. *(nach seiner Abreise)*
Derrière la maison se trouve un grand arbre. *(hinter dem Haus)*

3. parmi / entre *unter, zwischen*

Voir aussi ☺ **IV** p 72, ***parmi / entre*** *lesquels (lesquelles)*

a) parmi bedeutet *zwischen / unter* **mehreren** / *inmitten* **mehrerer**
b) entre bedeutet *zwischen* **zweien**

Exemples:

Elle est heureuse **parmi** ses amies. *(unter / inmitten ihrer Freundinnen)*
C'était un exemple **parmi** d'autres. *(unter anderen / unter vielen)*
Elle était assise **entre** monsieur Naudin et monsieur Prevel. *(zwischen)*
Tu peux choisir **entre** les deux possibilités. *(zwischen)*

4. **il y a** *vor*

il y a bedeutet *vor* auf die **Vergangenheit** bezogen, bzw. einen **Zeitpunkt**, der vom Sprecher aus gesehen, **vergangen** ist.

Exemples:

Elle est tombée malade **il y a** une semaine.	*(vor einer Woche krank geworden)*
Il a commencé ses études **il y a** deux ans.	*(vor zwei Jahren)*

5. **dans** *in*

a) dans bedeutet **zeitlich**:
in / innerhalb von / nach Ablauf (am Ende) von

Exemples:

Elle arrivera **dans** l'après-midi. *(im Laufe des Nachmittags)*
Il me téléphonera **dans** dix minutes. *(in / innerhalb von, am Ende von)*
Il reviendra **dans** quinze jours. *(nach Ablauf von)*
Il va nous chercher **dans** le courant de la matinée. *(im Laufe des Vormittags)*

b) dans bedeutet **örtlich**:
in / innerhalb von / in etwas hinein

Voir aussi ☺ **I** p 21.

Exemples:

Elle est **dans** la salle de séjour.	*Sie ist im Wohnzimmer.*
Il entre **dans** la maison.	*Er geht ins Haus hinein.*
J'ai oublié mes clés **dans** la voiture.	*(im Auto drinnen vergessen)*

c) dans bedeutet **örtlich** bei **Verben des Entnehmens**:
heraus, aus, von
Im Französischen wird **die Lage des Gegenstandes** **<u>vor</u> der Entnahme** angegeben.
(*Frage: Wo war das Ding vorher?)*

Verben des Entnehmens*:*
prendre, boire, découper *(ausschneiden)*,
copier *(abschreiben)*, **puiser** *(schöpfen)*

Exemples:

Elle prend un livre **dans** son sac.	*(aus ihrer Tasche heraus)*
Il prend la soupe **dans** la soupière.	*Er schöpft die Suppe aus dem Suppentopf.*
Elle boit **dans** une tasse / **dans** un verre / **dans** un bol.	*Sie trinkt aus einer Tasse / aus einem Glas / aus einer Schale.*
Il découpe une photo **dans** le journal.	*(aus der Zeitung ausschneiden)*
Elle puise ses forces **dans** sa foi.	*Sie schöpft ihre Kraft aus ihrem Glauben.*
Il copie les phrases **dans** le cahier de son voisin.	*(aus dem Heft des Nachbarn abschreiben)*

Merke aber:

tirer quelque chose **de** sa poche	*aus seiner Tasche nehmen*
boire **à** la bouteille	*aus der Flasche trinken*
boire **à** la source	*aus der Quelle trinken*

6. en *in*

a) en beschreibt **zeitlich** die **Zeitdauer / Zeitstrecke**, die man benötigt, um ein **Ziel / ein Vorhaben** zu erreichen.
En steht auch bei **Jahreszahlen, Monaten, Jahreszeiten**.

Exemples:

On va de Linz à Vienne **en** deux heures.	*in zwei Stunden (Ziel erreicht)*
J'ai lu ce livre **en** trois jours.	*in drei Tagen (Ziel / Vorhaben erreicht)*
Je ne peux pas vous aider **en** si peu de temps.	*in so kurzer Zeit*
de jour **en** jour	*von Tag zu Tag*
d'heure **en** heure	*von Stunde zu Stunde*
en même temps	*zur gleichen Zeit*
en ce moment	*jetzt / gegenwärtig (als Zeitstrecke)*
Elle est née **en** 2004.	*Sie ist 2004 geboren.*
Elle a son anniversaire **en** avril.	*Sie hat im April Geburtstag.*
Nous sommes **en** hiver.	*Wir haben Winter.*
Il arrivera **en** été.	*im Sommer*
Tu lui as rendu visite **en** automne.	*im Herbst*

Aber:
au printemps *im Frühling*

b) en beschreibt **örtlich** eine Lage **sehr allgemein**.
En wird auch für Ausdrücke im **übertragenem Sinn** (d.h. nicht mehr als <u>Ort</u> erkennbar) verwendet.
Das Substantiv steht fast immer **ohne** Artikel dahinter.
Voir aussi ☺ **I** p 20

Exemples:

Elle est allée **en** ville.	*in die Stadt(mitte)*
vivre **en** ville	*in der Stadt leben*
en France	*in / nach Frankreich*
en prison	*im Gefängnis*
être **en** vitrine	*im Schaufenster sein*
être **en** route pour Paris	*unterwegs sein nach Paris*
être **en** bateau	*auf dem Schiff sein*
être **en** retard	*zu spät dran sein*
un voyage **en** train	*eine Reise mit dem Zug*
partir **en** voiture	*mit dem Auto wegfahren*
voyager **en** avion	*mit dem Flugzeug reisen*
être **en** voyage	*auf Reisen sein*
partir **en** voyage	*auf Reisen gehen, verreisen*
être **en** bonne / mauvaise santé	*bei guter / schlechter Gesundheit sein*
être **en** bonnes mains	*in guten Händen sein*
se mettre **en** colère	*wütend / zornig werden*
être **en** deuil	*in Trauer sein*
des arbres **en** fleurs	*blühende Bäume / Bäume in Blüte*
être **en** panne	*eine Panne haben*
en silence	*schweigend*
peindre **en** noir	*schwarz anstreichen*
traiter qn. **en** ami	*jemanden wie einen Freund behandeln*
il se dit **en** lui-même	*er sagt zu sich selbst / er denkt bei sich*
il aime **en** elle sa joie de vivre	*er liebt an ihr ihre Lebensfreude*
couper le gâteau **en** morceaux	*den Kuchen in Stücke schneiden*
être **en** laine / **en** bois / **en** soie	*aus Wolle / Holz / Seide sein*
en uniforme	*in Uniform*
être bon **en** français	*gut in Französisch sein*
être expert **en** maths	*in Mathematik Experte sein*
croire **en** Dieu	*an Gott glauben*
avoir confiance **en** qn.	*zu jemandem Vertrauen haben*
parler **en** son nom	*in seinem / ihrem Namen sprechen*
dépenser son argent **en** qc.	*sein Geld für etwas ausgeben*
faire quelque chose **en** vitesse	*etwas schnell machen*

7. à *um, in, zu, bei, auf, nach*

a) à beschreibt **zeitlich** einen **genauen Zeitpunkt**.

Exemples:

Il arrivera **à** six heures / **à** midi.	*um 6 Uhr / zu Mittag*
À quelle heure?	*Um wieviel Uhr?*
Elle est partie **à** la tombée de la nuit.	*bei Einbruch der Nacht*
à Noël / **à** Pâques	*zu Weihnachten / zu Ostern*
à la Pentecôte	*zu Pfingsten*
à la Toussaint / **au** Nouvel An	*zu Allerheiligen / zu Neujahr*
Il est arrivé **à** l'instant où elle est partie.	*im Moment als*
à l'arrivée	*bei der Ankunft*
à mon retour	*bei meiner Rückkehr*
à demain	*bis morgen*
à mardi	*bis Dienstag*
à ce moment	*genau in diesem Augenblick*

Vergleiche:

À ce moment, le téléphone a sonné.	*in diesem Moment / Augenblick /* ***Zeitpunkt***
En ce moment elle est un peu malade.	*derzeit /* ***Zeitdauer***

b) à beschreibt **örtlich** ganz allgemein die **Lage** eines Ortes oder die **Richtung** auf einen Ort zu. Voir aussi ☺ **I** p 20.

Exemples:

aller / être **à** Paris	*nach Paris fahren / in Paris sein*
aller / être **à** Vienne	*nach Wien fahren / in Wien sein*
aller / être **à** la gare	*zum Bahnhof fahren / am B. sein*
aller / être **à** la poste	*zur Post gehen / auf der P. sein*
aller / être **à** la piscine	*ins Schwimmbad gehen / im S. sein*
aller / être **à** la mer	*zum Meer fahren / am M. sein*
aller / être **à** la montagne (**en** montagne)	*in die Berge fahren / in den B. sein*
aller / être **à** l'église	*in die Kirche gehen / in der K. sein*
aller / être **à** l'ombre	*in den Schatten gehen / im Sch. sein*
aller / être **à** la campagne	*aufs Land fahren / auf dem L. sein*
se mettre **à** table / **au** lit	*sich zu Tisch setzen / ins Bett legen*
se mettre **à** la terrasse	*sich auf die Terrasse begeben*
aller / être **au** 2e étage	*in den 2. Stock gehen / auf dem 2.Stock sein*

aller / être **au** lycée	*ins Gymnasium gehen / im G. sein*
aller / être **au** théâtre	*ins Theater gehen / im Th. sein*
aller / être **au** soleil	*in die Sonne gehen / in der S. sein*
aller / être **au** cinéma	*ins Kino gehen / im Kino sein*
écrire **au** mur / **au** tableau	*an die Mauer / Tafel schreiben*
aller / être **au** bureau	*ins Büro gehen / im B. sein*
aller / être **au** Maroc	*nach Marokko fahren / in M. sein*
aller / être **au** Portugal	*nach Portugal fahren / in P. sein*
aller / être **au** Japon	*nach Japan fahren / in J. sein*
aller / être **aux** États-Unis	*in die USA fahren / in den USA sein*
aller / être **aux** Pays-Bas	*nach Holland fahren / in H. sein*
aller / être **au** Chili	*nach Chile fahren / in Ch. sein*
aller / être **au** Mexique	*nach Mexiko fahren / in M. sein*
avoir mal **à** la tête	*Kopfweh haben*
avoir mal **à** l'estomac	*Magenschmerzen haben*
avoir mal **au** dos	*Rückenschmerzen haben*
avoir mal **au** ventre	*Bauchschmerzen haben*
avoir mal **au** genou	*Schmerzen im Knie haben*
avoir mal **aux** dents	*Zahnschmerzen haben*
avoir froid **aux** pieds / mains	*kalte Füße / Hände haben*
avoir un sourire **aux** lèvres	*ein Lächeln auf den Lippen haben*
avoir les larmes **aux** yeux	*Tränen in den Augen haben*
à deux kilomètres d'ici	*2 km von hier entfernt*
à la télévision	*im Fernsehen*
à la radio	*im Radio*
à cette nouvelle	*bei dieser Neuigkeit / Nachricht*
à notre surprise	*zu unserer Überraschung*
à notre demande	*auf unseren Wunsch*
à la main	*in der Hand*

Vergleiche:

große Gegenstände, die in der Hand nicht versteckt werden können:

avoir un sac **à** la main	*eine Tasche in der Hand haben*
avoir une valise **à** la main	*einen Koffer in der Hand haben*
avoir un balai **à** la main	*einen Besen in der Hand haben*
avoir des fleurs **à** la main	*Blumen in der Hand haben*

kleine Gegenstände, die in der Hand Platz haben:

avoir un bouton **dans** la main	*einen Knopf in der Hand haben*
avoir un Euro **dans** la main	*einen Euro in der Hand haben*
avoir un coquillage **dans** la main	*eine Muschel in der Hand haben*
cacher qc. **dans** la main	*etwas in der Hand verstecken*

METS LES PRÉPOSITIONS QUI CONVIENNENT

1. Elle préfère le voyage .... train.
2. Je te compte .... mes amis.
3. J'ai un peu froid .... pieds.
4. Tu es bon .... maths?
5. Tu pourrais nous téléphoner .... le dîner.
6. .... ce moment, le facteur a apporté un paquet.
7. Il s'est marié .... dix ans.
8. Il n'a pas de travail .... ce moment.
9. .... les gens j'ai remarqué monsieur Degove.
10. Il n'était pas .... retard, ... notre grande surprise.
11. Il copie le devoir .... mon cahier.
12. Tu peux t'asseoir .... Pierre et Philippe.
13. Elle reviendra .... huit heures.
14. Heureusement elle est .... bonne santé.
15. Vous pouvez choisir .... plusieurs solutions.
16. C'est quand, ton anniversaire? - .... septembre.
17. Je la reconnaîtrais .... tout le monde.
18. Le supermarché est situé .... l'école.
19. .... quelle heure reviendra-t-il?
20. .... été nous passerons nos vacances .... Angleterre.
21. Je préfère vivre .... la campagne.
22. Elle ne trouve jamais rien .... son sac.
23. La police a mis le gangster .... prison.
24. Dépêche-toi, il faut se mettre .... route.
25. Elle a bu .... sa tasse.
26. Le dimanche nous allions .... l'église.
27. Elle traite ses élèves .... amis.
28. L'après-midi nous avons fait une promenade .... la campagne.
29. Elle a tiré un mouchoir .... sa poche.
30. Ils veulent commencer à construire leur maison .... printemps.
31. Qu'est-ce que tu caches .... ta main?
32. Nous allons faire du ski .... Nouvel An.
33. Est-ce que tu aimes aller .... théâtre?
34. Il a émigré .... Australie .... vingt ans.
35. La prof écrit les mots nouveaux .... tableau.
36. Tu voudrais aller .... la terrasse?
37. Elle a eu mal .... l'estomac .... le déjeuner.
38. J'aime .... lui sa politesse et son charme.
39. Nous avons beaucoup parlé .... le courant de la soirée.
40. Il ne faut pas boire .... la bouteille.
41. Ton pull est .... laine ou .... soie?

AVANT / AVANT QUE, APRÈS / APRÈS QUE ...

Voir aussi ☺ **II** p 65 *(pendant / pendant que, depuis / depuis que)*,
☺ **V** p 37 *(ne explétif)*.
☺ **V** p 28 / p 30 ***(subjonctif*** nach *avant que, jusqu'à ce que, afin que, malgré que, pour que, sans que,* häufig nach *après que,*
indicatif nach *depuis que, dès que, pendant que)*

Die **Präpositionen**

afin de	*um zu*
avant (de)	*(be)vor*
après	*nach*
jusqu'à	*bis*
pendant	*während*
depuis	*seit*
malgré	*trotz*
pour	*für, wegen, aus*
sans	*ohne*
dès	*gleich nach*
	seit, von ... ab/an

beziehen sich auf **Nomen**, **Pronomen**, **Adverb**, **Infinitiv**.

Die **Konjunktionen**

afin que	*damit*
avant que	*bevor*
après que	*nachdem*
jusqu'à <u>ce</u> que	*bis*
pendant que	*während*
depuis que	*seit(dem)*
malgré que	*obwohl*
pour que	*damit*
sans que	*ohne dass*
dès que	*sobald*

beziehen sich auf ein **Verb** und leiten **Nebensätze** ein.

Achtung: Die Präpositionen ***pour***, ***sans***, ***afin de***, ***avant de*** können auch einen **Infinitiv** nach sich haben.
Après wird mit **infinitif passé** verwendet.
Sans kann auch mit **infinitif passé** verwendet werden.

Exemples:

pour *finir*	*um zu beenden*
sans *voir*	*ohne zu sehen*
sans *avoir vu*	*ohne gesehen zu haben*
avant de *commencer*	*bevor man beginnt*
après *avoir mangé*	*nach dem Essen*

Bis heute kann auf 2 Arten wiedergegeben werden:
jusqu'à aujourd'hui = jusqu'aujourd'hui

PRÉPOSITION OU CONJONCTION

1. Il a couru .... (nach) l'autobus.
2. .... (um zu) travailler il me faut des livres et des cahiers.
3. Il lui apporte des fleurs .... (damit) elle soit heureuse.
4. Il pleuvait .... (während) trois heures.
5. .... (Seit) elle habite à la campagne, elle est contente.
6. .... (nachdem) avoir attendu longtemps, il est sorti .... (ohne) elle.
7. Il faut se renseigner .... (vor) un voyage.
8. Apporte-moi les clés .... (bevor) tu ne partes.
9. .... (Vor) le départ il a acheté des journaux.
10. Elle lisait, ... (während) sa mère lavait la voiture.
11. Nous faisons une balade .... (obwohl) le temps soit mauvais.
12. Il rend visite aux amis, ... (nachdem) il a fait ses devoirs.
13. Elle était très fatiguée .... (während) le voyage.
14. Dis au revoir .... (bevor) partir!
15. Il nous a téléphoné, ... (damit) nous allions le chercher à la gare.
16. Nous sommes restés .... (bis) la fin.
17. Nous attendons .... (seit) une heure déjà.
18. On prendra le café, ... (sobald) elle sera là.
19. Il ouvre la porte à son amie et dit: « .... (nach) toi! »
20. Ils veulent rester, ... (bis) Pierre revienne.
21. .... (Bis) quand est-ce qu'il restera chez vous?
22. Ne chante pas, ... (während) tu manges.
23. Nous avons fait une promenade .... (trotz) le mauvais temps.
24. Elle est arrivée, ... (ohne dass) nous ayons pu l'attendre.
25. Il nous a écrit, ... (damit) nous soyons informés.
26. .... (Seit) quand est-ce qu'il est à Vienne?
27. Elle est très heureuse, ... (seit) elle a rencontré Michel.
28. Qu'est-ce que tu fais .... (während) le bébé dort?
    – .... (Während) ce temps je lis un peu.
29. Elle est assise .... (vor) la photo de son ami et la regarde.
30. Il neige .... (seit) deux semaines.
31. Elle a été très serviable .... (seit, von ... an) le début.
32. Il ne travaille plus en France .... (wegen) des raisons personnelles.
33. Il est malade .... (seit) la semaine dernière.
34. Il partira en voyage. – .... (Für) longtemps? – .... (Für) une année.
35. .... (Seit) elle est malade, elle ne veut plus sortir.
36. Elle ne parlera plus avec sa collègue, ... (bis) elle s'excuse.
37. .... (Während) le café, elle nous a parlé de sa vie.
38. Nous sommes venus .... (vor) lui et nous lui avons téléphoné
    .... (gleich nach) notre arrivée.
39. Il faut se dépêcher .... (bevor) il ne neige.

SOI *sich*

Voir d'abord ☺ **II** p 6-9, p 71-74.

Verwendung:

Soi bezieht sich auf ein **unbestimmtes** Subjekt:
Chacun, chaque, on, quiconque *(wer auch immer)*,
tout le monde, personne.
Es steht außerdem nach **il faut** und **cela**.
Meist hat ***soi*** eine **Präposition** vor sich.

Exemples:

Tout le monde travaille pour **soi**.	*Jeder arbeitet für sich.*
Chacun reste chez **soi**.	*Jeder bleibt bei sich zu Hause.*
Il faut avoir confiance en **soi**.	*Man muss Selbstvertrauen haben.*
On doit faire cela **soi**-même.	*Man muss das selbst machen.*
Chacun a son cahier devant **soi**?	*Hat jeder sein Heft vor sich?*
Chaque homme préfère parler de **soi**.	*Jeder Mensch spricht lieber von sich selbst.*
Personne ne peut faire cela malgré **soi**.	*Niemand kann das gegen seinen Willen / unabsichtlich tun.*
Il ne faut pas toujours penser à **soi**-même.	*Man soll nicht immer nur an sich selbst denken.*

Achtung: Steht **on** aber im Sinne von **nous**,
so wird ***soi*** nicht verwendet.
On mange (= **nous** mangeons) chez **nous**?

Merke:

Cela va de **soi**.	*Das versteht sich von selbst.*
un genre en **soi**	*eine Gattung für sich*
On ne fait pas cela de **soi**-même.	*Man tut das nicht von sich aus.*
Soi-disant qu'il serait en vacances.	*Angeblich ist er auf Urlaub.*
soi-disant pour affaires	*angeblich geschäftlich*
On va droit devant **soi**.	*Man geht unbeirrt seines Weges.*
Rien n'est mauvais en **soi**.	*Nichts ist an sich schlecht.*
On doit rester **soi**-même.	*Man muss man selbst bleiben.*
On a souvent besoin d'un plus petit que **soi**.	*Der Große braucht oft den Kleinen.*

Achtung:	***Soi*** wird bei **<u>bestimmten</u> Personen** nur dann verwendet, wenn **Unklarheiten** auftreten könnten.

Vergleiche:

Il ne fait que penser à **lui**.
*Er denkt nur an **sich** / an **einen anderen**.*
Il ne fait que penser à **soi**.
*Er denkt nur an **sich**.*

Il vient de chez **lui**.
*Er kommt von **sich** zu Hause / vom Haus **eines anderen**.*
Il vient de chez **soi**.
*Er kommt von **sich** zu Hause.*

Il n'aime que **lui**.
*Er liebt nur **ihn**.*
Il n'aime que **soi**.
*Er liebt nur **sich selbst**.*

Cet homme ne travaille que pour **lui**.
*Dieser Mann arbeitet nur für **sich** / für **einen anderen**.*
Cet homme ne travaille que pour **soi**.
*Dieser Mann arbeitet nur für **sich**.*

COMPLÈTE PAR *SOI / LUI / ELLE / EUX / ELLES ...*

1. Tout le monde pense à ....
2. Tu veux travailler avec moi? – Non, chacun travaille pour ....
3. Elles doivent s'occuper d'................ -mêmes.
4. Tu ne penses qu'à ....
5. Tout le monde est chez .... ce soir. Il y a un match de foot.
6. Elles préfèrent rester entre ....
7. Il ne faut pas toujours penser à ....
8. Chacun doit lutter pour ....
9. Tout le monde est déjà rentré chez ....
10. Je l'informerai .... -même.
11. Pierre est bien égoïste. Il ne pense qu'à ....
12. Tu t'occupes seulement de .... -même.
13. Ils n'ont pas leurs passeports sur ....
14. On va chez .... ou au bar?
15. Je rentre chez ....
16. On est très bien chez ....
17. Cette fille ne parle que d'................ .
18. Elle n'avait pas d'argent sur ....
19. .... -disant qu'il a volé.
20. Vous devez rester .... -mêmes.
21. On ne doit pas toujours penser à ....
22. Je viens de chez ....
23. Pierre regarde autour de ....
24. Elle ne pense qu'à .... -même. Personne ne compte pour ....
25. Ils n'avaient pas leurs papiers sur ....
26. Chacun est fier de ....
27. Il exerce un métier .... -disant difficile.
28. On n'estime que ....
29. Cela va de .... , c'est tout naturel.
30. Je dois nettoyer toute la maison .... -même.
31. On fait tout .... -même.
32. Il faudrait aimer son prochain comme .... -même.
33. Il est allé à Paris, ... -disant pour affaires.
34. Chacun a ses livres devant .... ?
35. Par ce mauvais temps on aime plutôt rester chez ....
36. Ils ne veulent pas que nous partions en vacances avec ....
37. Elle garde tous les secrets pour ....
38. Vous ne vous occupez que de .... -mêmes.
39. Tu dois avoir confiance en ....
40. C'est un travail .... -disant difficile.
41. Il faut toujours rester fidèle à .... -même.

LES PRONOMS, ADJECTIFS ET ADVERBES INDÉFINIS
Die unbestimmten Pronomen, Adjektive und Adverbien

1. Le pronom **quiconque** *wer (auch immer)*

Quiconque dit le contraire, ment.
Wer auch immer das Gegenteil sagt, lügt.
Quiconque a vu d'autres cultures, est plus tolérant.
Wer andere Kulturen gesehen hat, ist toleranter.
Quiconque serait prêt à nous aider, qu'il se lève!
Wer auch immer bereit wäre, uns zu helfen, möge er aufstehen!

2. Le pronom **n'importe qui** *irgendjemand, jeder Beliebige*

N'importe qui aurait pu traduire ce texte.
Jeder Beliebige hätte diesen Text übersetzen können.
J'aurais invité **n'importe qui.**
Ich hätte jeden Beliebigen eingeladen.

3. Les pronoms

n'importe quoi	*irgendetwas, gleichgültig was*
n'importe où	*irgendwo, gleichgültig wo*
n'importe quand	*irgendwann, gleichgültig wann*
n'importe comment	*irgendwie, egal wie*

Qu'est-ce qu'on va faire le soir? – **N'importe quoi**. *Irgendetwas. / Ganz egal.*
Tu peux me téléphoner **n'importe quand**. *irgendwann / egal wann*
Il fait ses études **n'importe comment**. *irgendwie*
Où est-ce que tu veux mettre ton manteau? – **N'importe où**. *Irgendwohin.*

4. L'adjectif

n'importe quel(le)	*irgendein/-er/-e, x-beliebig/-er/-e/-es*
n'importe quel(le)s	*gleichgültig welche*

Apportez-nous **n'importe quel** vin.
Bringen Sie uns irgendeinen Wein.
Achète-toi **n'importe quelle** robe.
Kauf dir irgendein Kleid.
Elle a préparé **n'importe quels** sandwichs.
Sie hat irgendwelche Sandwiches hergerichtet.
N'achète pas **n'importe quelles** fleurs, elle aime seulement les roses.
Kauf nicht irgendwelche Blumen, sie mag nur Rosen.

5. L'adjectif **quelconque(s)** *irgendwelche/-r/-s, belanglos/-er/-e/-es, nichtssagend/-er/-e/-s, wertlos/-er/-e/-es*

Anmerkung:

Als **adjectif indéfini** in der Bedeutung von
irgendwelche/-r/-s findet man **quelconque** <u>immer seltener</u>.
Als **adjectif qualificatif** in der Bedeutung von
wertlos, unbedeutend, mittelmäßig ist **quelconque** <u>sehr häufig</u>.

Stellung: **quelconque** steht immer **nach** dem Nomen.

Elle lit un livre **quelconque**.
Sie liest irgendein / ein beliebiges / ein mittelmäßiges Buch.
On a passé des films **quelconques**.
Man hat irgendwelche Filme gezeigt.
C'était très **quelconque**.
Es war überhaupt nichts Besonderes.

6. L'adjectif **quelque** *ein gewisses /-r / eine gewisse / irgendein/-e*
L'adjectif **quelques** *einige, wenige, ein paar*

Voir aussi ☺ **II** p 17/3/Merke.

Donne-lui **quelque** chocolat.	*Gib ihm / ihr irgendeine Schokolade.*
Tu vas rencontrer **quelque** amie.	*Du wirst irgendeine Freundin treffen.*
Il nous a montré **quelques** films.	*Er hat uns einige / ein paar Filme gezeigt.*
Les **quelques** robes que j'ai ...	*Die wenigen Kleider, die ich habe ...*
Quelque chose s'est passé hier.	*Etwas ist gestern passiert.*

Achtung: **quelque chose** ist **maskulin**!

quelque chose <u>d</u>'important	*etwas Wichtiges*
quelque chose <u>de</u> bon	*etwas Gutes*
quelque chose <u>de</u> délicieux	*etwas Köstliches*

7. Les pronoms	**quelqu'un**	*jemand*
	quelques-un(e)s	*einige, gewisse*

J'ai entendu **quelqu'un**.
Ich habe jemanden gehört.
Quelqu'un est arrivé après minuit.
Jemand ist nach Mitternacht angekommen.
Quelques-uns disent qu'il est déjà arrivé.
Einige sagen, dass er schon angekommen ist.
Je ne pouvais pas lire **quelques-unes** de ces cartes.
Ich konnte einige dieser Karten nicht lesen.

8. Les adjectifs	**certain(e)**	*ein gewisser /-es, eine gewisse; sicher*
	certain(e)s	*einige, gewisse*

Voir aussi ☺ **II** p 17/3/Merke.

Stellung: **Vor** dem Nomen:

Un **certain** monsieur Nace vous attend.	*Ein gewisser Herr Nace wartet auf Sie.*
Une **certaine** madame Lebrun ...	*Eine gewisse Frau Lebrun ...*
Il lui aurait fallu un **certain** courage.	*Er hätte einen gewissen Mut gebraucht.*
Certaines gens pensent ... (voir aussi p 89)	*Einige / gewisse Leute denken ...*
dans **certains** cas	*in einigen / gewissen Fällen*

Stellung: **Nach** dem Nomen:

une preuve **certaine**	*ein sicherer / zuverlässiger Beweis*
un fait **certain**	*eine Tatsache*

9. Le pronom	**certain(e)s**	*gewisse, einige, mehrere, manche*

Certain(e)s disent qu'il n'est pas un bon chef parce qu'il a des préférés.
Einige sagen, dass er kein guter Chef ist, weil er Liebkinder hat.
Certain(e)s pensent que tu es marié.
Einige glauben dass du verheiratet bist.
Certains de ses collègues sont jaloux de son succès.
Einige ihrer / seiner Kollegen sind auf ihren / seinen Erfolg neidig.

10. L'adjectif ***plusieurs*** *mehrere, einige*

Voir aussi ☺ **II** p 17/3/Merke.

Ils font **plusieurs** voyages par an.	*Sie machen mehrere Reisen pro Jahr.*
Elle a **plusieurs** bonnes amies.	*Sie hat mehrere gute Freundinnen.*
Ils sont restés **plusieurs** années.	*Sie sind mehrere Jahre geblieben.*
Elle est **plusieurs** fois millionaire.	*Sie ist mehrfache Millionärin.*
Regardons **plusieurs** aspects.	*Schauen wir uns mehrere Aspekte an.*

Merke: **plusieurs** beschreibt eine **größere Anzahl** als **quelques**.
Es steht immer **ohne** Artikel.

11. L'adjectif et le pronom ***autre / autres*** *andere/-r/-s*

Voir aussi ***autre*** au pluriel p 97 et ☺ **II** p 17/3/Merke.

Donnez-moi une **autre** sorte de pommes.	*Geben Sie mir eine andere Sorte Ä.*
D'**autres** t'ont vu.	*Andere haben dich gesehen.*
L'un **et** l'**autre** m'ont raconté la même chose.	*Beide haben mir dasselbe erzählt.*
Je téléphonerai à l'un **et** à l'**autre**.	*Ich werde beide anrufen.*
Elle pense à l'un **et** à l'**autre**.	*Sie denkt an beide.*

Anmerkung: Die Präposition **muss wiederholt** werden.

Merke:

Ils s'aiment l'un **l'autre**.	*Sie lieben einander.*
Elles se connaissent l'une **l'autre**.	*Sie kennen einander.*
Respectez-vous les uns **les autres**.	*Achtet einander.*
C'est **autre** chose.	*Das ist etwas anderes.*
C'était tout **autre**.	*Das war ganz anders.*
l'autre jour	*neulich*
entre **autres** choses	*unter anderem*
Vous **autres** Français êtes polis.	*Ihr Franzosen seid höflich.*
Nous **autres** Autrichiens ...	*Wir Österreicher ...*
Nous **autres** femmes ...	*Wir Frauen ...*

12. Les adjectifs **différents/-es, divers/-es** *verschiedene*

Voir aussi ☺ **II** p 17/3/Merke.

Stellung: **vor** dem Nomen.

On a servi **différents** plats.	*Man hat verschiedene Gerichte serviert.*
J'ai vu **différentes** peintures.	*Ich habe verschiedene Gemälde gesehen.*
pour **différentes** raisons	*aus verschiedenen Gründen*
en **diverses** occasions	*bei verschiedenen Gelegenheiten*
à **diverses** reprises	*zu wiederholten Malen*
Différentes personnes me l'ont dit.	*Verschiedene Leute haben es mir gesagt.*
Diverses personnes m'en ont parlé.	*Verschiedene Leute haben mir davon erzählt.*

Stellung: **hinter** dem Nomen : *unterschiedlich, verschiedenartig*

Nous sommes d'avis **différents**.	*Wir haben unterschiedliche Ansichten.*
Nous avons des opinions **différentes**.	*Wir sind unterschiedlicher Meinung.*
des personnes **diverses / différentes**	*verschiedenartige Personen*
dans des conditions **différentes**	*unter anderen / verschiedenartigen Bedingungen*
d'intérêt **divers**	*von unterschiedlichem Interesse*
les faits **divers**	*Lokalnachrichten, vermischte / unterschiedliche Meldungen*

METS LES PRONOMS, ADJECTIFS ET ADVERBES INDÉFINIS QUI CONVIENNENT

1. .... ne travaillent jamais sérieusement! (einige)
2. Qui est-ce qu'elle a invité? – .... (irgendjemanden)
3. .... a lu ce livre est choqué. (wer auch immer)
4. .... nous a téléphoné à minuit. (jemand)
5. Est-ce qu'il y a une .... possibilité? (andere)
6. Les .... chocolats que j'ai mangés! (wenigen) Ce n'est pas cela qui me fera grossir!
7. C'était un succès .... (sicher)
8. C'est .... qu'il viendra demain. (sicher)
9. Elle connait .... d'entre eux. (einige / mehrere)
10. Que feras-tu quand il te rendra visite? – .... (irgendetwas)
11. Vous pourriez lire un roman .... (beliebig) pour faire vos résumés.
12. Nous avons .... cousins à Vienne. (mehrere)
13. Une .... Madame Naudin est à la porte. (gewisse)
14. Elle est alcoolique. Elle boit .... (irgendetwas)
15. .... ont déjà vu cette pièce de théâtre. (einige)
16. Ne va pas à l'école sans manger et boire .... (etwas)
17. Je ne peux pas croire cela. .... a menti. (der eine oder der andere)
18. Les fleurs sentent bon. Mets-en .... dans le vase. (einige)
19. Donne-nous .... fruits. (einige, ein paar)
20. Voilà .... pulls que je possède. (die wenigen)
21. Donne-moi .... stylo, s'il te plaît. (den anderen) – Je n'en ai pas .... (keinen anderen)
22. Il faut obéir. Tu ne peux pas faire .... (irgendetwas)
23. Super, il me reste encore .... argent pour ce mois! (etwas)
24. Ne m'énerve pas! J'ai .... problèmes maintenant! (andere)
25. Nous avons acheté .... fleurs. (verschiedene)
26. Achète-moi un sandwich .... pour mon voyage. (irgend eines, egal welches)
27. .... quittera l'école sans permission, aura des difficultés. (wer auch immer)
28. .... a déposé ce paquet au bureau. (jemand)

29. Une .... madame Colbert vous attend au salon. (gewisse)
30. Je suis sûr que c'est .... de très important. (etwas)
31. Elle nous a montré des fleurs .... (verschiedenartige, unterschiedliche)
32. Où est-ce qu'on va? – .... (ganz egal wohin)
33. .... ont fait des progrès. (beide, der eine und der andere)
34. .... me dérange ici. (etwas)
35. Qu'est-ce qu'on va lui répondre? – .... (irgend etwas)
36. C'est facile! .... pourra faire cela. (jeder beliebige)
37. .... a vu cette misère, sera plus modeste. (wer auch immer)
38. Vous vous trompez .... (einander)
39. Si tu n'aimes pas ce gâteau au chocolat, prends .... (den anderen)
40. Est-ce qu'il y a une .... possibilité? (andere)
41. Il fait ses devoirs .... (irgendwie)
42. Dans notre classe il y avait une .... Annabelle. (eine gewisse)
43. Je n'aime pas ces pommes.
Est-ce que je pourrais en choisir .... ? (andere)
44. J'ai servi .... sandwichs. (einige, ein paar)
45. Donnez-moi .... sandwich. (egal welches)
46. Est-ce qu'il y a encore .... sandwichs? (andere)
47. Nous avons .... amis en Suisse. (einige / mehrere)
48. Pas si vite! Attendez .... instants! (einige)
49. Pendant les vacances nous avons dormi .... (irgendwo, egal wo)
50. .... (manche) préfèrent faire la cuisine eux-mêmes, ... (andere) aiment plutôt aller au restaurant.
51. Tu verras les résultats dans .... jours. (einigen)
52. .... ont dit que le film était drôle. (einige)
53. Je suis .... de ne pas arriver en retard. (sicher)
54. Tu achètes toujours .... ! (irgendetwas)
55. Est-ce que toutes les filles sont venues? – Non, ... étaient malades. (einige)
56. S'il me quittait, j'irais .... (irgendwohin)
57. Non, ils n'habitent plus dans le troisième. Ils habitent dans .... arrondissement. (einem anderen)
58. Elle fait .... voyages par an. (mehrere)
59. Est-ce que tu as trouvé .... tickets? (die anderen)
60. .... scientifiques croient qu'il y a de l'eau sur Mars. (gewisse)

61. .... a vu ce film est totalement fasciné. (wer auch immer)
62. Elle a trouvé .... bonheur. (irgendein)
63. On va nous aider .... (einander)
64. Elle voudrait savoir le nom d'un chanteur .... (irgendeinem)
65. Est-ce qu'il y a .... de nouveau? (etwas)
66. Est-ce qu'elle a .... amie pour l'aider maintenant? (irgendeine)
67. .... d'entre vous ont très bien travaillé. (einige)
68. .... m'a informé que monsieur Bulot est mort. (jemand)
69. Je vous montre .... robes? (andere)
70. À qui est-ce que tu penses? – .... (an irgendjemanden)
71. Dans cet exercice .... réponses sont parfois possibles. (mehrere)
72. Le verre est fêlé. Servez-vous d'... verre. (ein anderes)
73. Tu as déjà goûté aux sandwichs? .... sont vraiment délicieux. (einige)
74. Il n'est jamais en retard. .... aura dû lui arriver. (etwas)
75. Quand est-ce que tu voudrais venir? – .... (ganz egal)
76. .... ne travaillent jamais! (einige)
77. .... peut nous aider, qu'il vienne! (wer auch immer)
78. Elle aurait embrassé .... (jeden Beliebigen)
79. Sois plus sérieux! Tu fais tes devoirs .... (irgendwie)
80. Elle ne fait que faire les courses.
Elle achète .... choses. (irgendwelche)
81. La soirée s'est passée comment? – C'était .... (nichts Besonderes)
82. Regarde les .... chaussures que j'ai! (die wenigen)
83. Elle nous a présenté .... photos de la Bretagne. (einige)
84. Est-ce que vous avez discuté de .... d'important? (etwas)
85. .... disent qu'il est déjà parti. (einige)
86. Il lui aurait fallu un .... charme. (einen gewissen)
87. La police a trouvé une preuve .... (sicheren)

LA PLACE DES PRONOMS PERSONNELS ET LE PRONOM PERSONNEL TONIQUE

Die Stellung der Pronomen und das betonte Personalpronomen

Voir d'abord:
☺ **I** p 73-74 *(le pronom objet direct).*
☺ **II** p 6-9 *(les pronoms personnels toniques).*
☺ **II** p 78-79 *(le pronom objet indirect).*
☺ **III** p 31-33 *(y, en, Imperativ, Tabelle: Stellung der Pronomen).*
☺ **III** p 57-63 *(le pronom objet direct et indirect avec le passé composé).*

1. Nur die **Akkusative *le, la, les*** können mit den **Dativen *lui*** und ***leur*** und **anderen Dativen (*me, te, se, nous, vous*)** verbunden werden. Sie stehen **gleichzeitig vor** dem **konjugierten Verb** oder **vor** dem **Infinitiv**. Die Verneinung umklammert Pronomen und Verb.

	Dativ ⇩		Akkusativ ⇩		Dativ ⇩							
	me											
	te		**le**								**Hilfsverb**	**jamais**
ne	**se**	*vor*	**la**	*vor*	**lui**	*vor*	**y**	*vor*	**en**	*vor*	**Verb**	**pas**
	nous		**les**		**leur**						**Infinitiv**	**plus**
	vous											**guère**

Stellung 1: Die **Dative *lui*** und ***leur*** stehen **direkt vor dem konjugierten Verb oder vor dem Infinitiv**.

Exemples:

			Akk.	Dat.	
Je donne le cahier au prof.	⇨	Je	**le**	**lui**	donne.
J'ai raconté l'histoire à Paul.	⇨	Je	**la**	**lui**	ai racontée.
Je montre les photos à Marie.	⇨	Je	**les**	**lui**	montre.
Il donne le livre aux enfants.	⇨	Il	**le**	**leur**	donne.
Elle explique la règle aux garçons.	⇨	Elle	**la**	**leur**	explique.
Il explique les règles aux élèves.	⇨	Il	**les**	**leur**	explique.
Il va donner les cahier aux filles.	⇨	Il va	**les**	**leur**	donner.

Stellung 2: Die **Dative *me, te, se, nous, vous*** stehen **vor den Akkusativen *le, la, les*.**

Exemples:

			Dat.	Akk.	
Tu dois me dire la vérité.	⇨	Tu dois	**me**	**la**	dire.
Il me donne le livre.	⇨	Il	**me**	**le**	donne.
Je t'ai donné le livre.	⇨	Je	**te**	**l'**	ai donné.
Il se lave les mains.	⇨	Il	**se**	**les**	lave.
Il nous montre les photos.	⇨	Il	**nous**	**les**	montre.
Elle vous donne les fleurs.	⇨	Elle	**vous**	**les**	donne.

2. Mit den **Akkusativen *me, te, se, nous, vous*** muss der **Dativ** mit **à + betontes Personalpronomen** ausgedrückt werden. Der **Dativ** steht dann **hinter** dem Verb.

Exemples:

	Akk.		Dat.	
Il	**me**	présente	**à elle.**	*Er stellt mich ihr vor.*
Je	**m'**	adresse	**à vous.**	*Ich wende mich an Sie/euch.*
Il	**t'**	a recommandé(e)	**à lui.**	*Er hat dich ihm empfohlen.*
Il	**te**	présente	**à eux.**	*Er stellt dich ihnen vor.*
Tu	**te**	fies	**à lui.**	*Du vertraust dich ihm an.*
Elle	**s'**	adresse	**à nous.**	*Sie wendet sich an uns.*
Il	**s'**	est confié	**à nous.**	*Er hat sich uns anvertraut.*
Elle	**se**	joint	**à vous.**	*Sie schließt s. Ihnen/euch an.*
Je	**vous**	recommande	**à lui.**	*Ich empfehle Sie/euch ihm.*
Elle	**nous**	a présenté(e)s	**à eux.**	*Sie hat uns ihnen vorgestellt.*
Il	**s'**	intéresse	**à moi.**	*Er interessiert sich für mich.*

Verben, bei denen dieser Fall eintritt, sind:

présenter à	*vorstellen*	**s'habituer à**	*sich gewöhnen an*
recommander à	*empfehlen*	**s'intéresser à**	*sich interessieren für*
s'adresser à	*sich wenden an*	**se joindre à**	*sich anschließen*
s'attaquer à	*losgehen auf*	**se plaindre à**	*sich beklagen*
se (con)fier à	*sich anvertrauen*	**s'opposer à**	*sich widersetzen*

3. Wenn **à** als **Präposition** gilt und nicht einen dritten Fall einleitet, so verwendet man für Personen **à + betontes Personalpronomen**.

Exemples:

Je pense **à** <u>Pierre</u>.	⇨	Je pense **à lui**.
Elle songe **à** <u>ses parents</u>.	⇨	Elle songe **à eux**.
Son héritage va **aux** <u>enfants</u>.	⇨	Son héritage va **à eux.**
		Sein / Ihr Erbe geht an sie.
Je pense **à toi**.		
Je fais attention **à vous**.		
Le livre est **à moi**.		
C'est **à nous**.		*Es gehört uns. / Wir sind an der Reihe.*
Laissez venir **à moi** les enfants.		*Lasst die Kinder zu mir kommen. (gehobene Bibelsprache)*

Verben, bei denen dieser Fall eintritt, sind:

penser à	*denken an*
songer à	*denken an*
être à	*gehören; an der Reihe sein*
venir à	*kommen zu (Bibelsprache)*
faire attention à	*aufpassen*

METS LES PRONOMS

1. Il s'adresse à Paul et Marie.
2. Il s'intéresse à Nicole.
3. Le prix va à madame Cardone.
4. Je vous ai recommandé à monsieur Antolin.
5. Nous donnons nos devoirs au professeur.
6. Il a expliqué le film aux élèves.
7. Tu dois me raconter l'histoire.
8. Il m'a présenté aux Legrand.
9. Il s'intéresse beaucoup à son oncle.
10. Il nous montre sa maison.
11. Nous faisons attention aux parents.
12. Ne te joins pas à Jacques et Philippe.
13. Elle pense toujours à Michel.
14. Monsieur Nassif s'est confié à ses voisins.
15. Son héritage va à ses petits-enfants.
16. Tu t'es déjà adressé à ton frère?
17. Cette grande maison est aux Payet.
18. J'ai donné le jus de fruit aux enfants.
19. Elle s'est lavé les mains.
20. Il s'est cassé la jambe.
21. Il m'a recommandé à madame Lavoine.
22. Tu pourrais te confier à ta tante.
23. Nous songeons à nos amies.
24. Il va offrir les fleurs à sa grand-mère.
25. Vous pourriez me présenter à cette jeune fille?

Traduis:

1. Mein Erbe geht an euch.
2. Wir würden uns euch anschließen.
3. Ich werde Sie ihr empfehlen.
4. Ich denke an dich / an euch.
5. Interessiert ihr euch für ihn?
6. Ich möchte mich Ihnen gerne vorstellen.
7. Du hast dich mir anvertraut.
8. Sie hat uns ihnen vorgestellt.
9. Ihr seid an der Reihe.
10. Es gehört euch.
11. Pass auf dich auf.
12. Wir haben uns für dich interessiert.
13. Sie hat sich an mich gewandt.

LE PASSÉ SIMPLE

A. Verwendung:

Das **passé simple** ist Element der **Schriftsprache** und kommt hauptsächlich in **literarischen** und **historischen Werken** (Romanen), sowie in **Zeitungsartikeln** vor.
Das **passé simple** wird **ähnlich wie das passé composé** für **einmalige, abgeschlossene Handlungen in der Vergangenheit** und weiters für **Handlungsketten** verwendet.
Am häufigsten findet man das **passé simple** in der **3. Person**.

B. Bildung:

1. regelmäßig:

Die **regelmäßigen Verben auf** ***-er*** hängen an den **Stamm des Infinitivs** die Endungen:

-ai, -as, -a, -âmes, -âtes, -èrent

Die **regelmäßigen Verben auf** ***-ir*** **und** ***-re*** hängen an **den Stamm des Infinitivs** die Endungen:

-is, -is, -it, -îmes, -îtes, -irent

parl**er**	attend**re**	fin**ir**
je parl**ai**	j'attend**is**	je fin**is**
tu parl**as**	tu attend**is**	tu fin**is**
il/elle/on parl**a**	il/elle/on attend**it**	il/elle/on fin**it**
nous parl**âmes**	nous attend**îmes**	nous fin**îmes**
vous parl**âtes**	vous attend**îtes**	vous fin**îtes**
ils /elles parl**èrent**	ils /elles attend**irent**	ils /elles fin**irent**

2. unregelmäßige Verben mit den Endungen

-us, -us, -ut, -ûmes, -ûtes, -urent

avoir	**être**	**boire**	**lire**
j'**eus**	je f**us**	je b**us**	je l**us**
tu **eus**	tu f**us**	tu b**us**	tu l**us**
il **eut**	il f**ut**	il b**ut**	il l**ut**
nous **eûmes**	nous f**ûmes**	nous b**ûmes**	nous l**ûmes**
vous **eûtes**	vous f**ûtes**	vous b**ûtes**	vous l**ûtes**
ils **eurent**	ils f**urent**	ils b**urent**	ils l**urent**

pouvoir	**vouloir**	**savoir**	**vivre**
je p**us**	je voul**us**	je s**us**	je véc**us**
tu p**us**	tu voul**us**	tu s**us**	tu véc**us**
il p**ut**	il voul**ut**	il s**ut**	il véc**ut**
nous p**ûmes**	ns voul**ûmes**	nous s**ûmes**	ns véc**ûmes**
vous p**ûtes**	vs voul**ûtes**	vous s**ûtes**	vs véc**ûtes**
ils p**urent**	ils voul**urent**	ils s**urent**	ils véc**urent**

devoir	**recevoir**
je d**us**	je reç**us**
tu d**us**	tu reç**us**
il d**ut**	il reç**ut**
nous d**ûmes**	ns reç**ûmes**
vous d**ûtes**	vs reç**ûtes**
ils d**urent**	ils reç**urent**

3. unregelmäßige Verben mit den Endungen

-ins, -ins, -int, -înmes, -întes, -inrent

tenir	**venir**
je t**ins**	je v**ins**
tu t**ins**	tu v**ins**
il t**int**	il v**int**
nous t**înmes**	ns v**înmes**
vous t**întes**	vs v**întes**
ils t**inrent**	ils v**inrent**

4. unregelmäßige Verben mit den Endungen

-is, -is, -it, -îmes, -îtes, -irent

dire	**écrire**	**faire**	**mettre**
je d**is**	j'écriv**is**	je f**is**	je m**is**
tu d**is**	tu écriv**is**	tu f**is**	tu m**is**
il d**it**	il écriv**it**	il f**it**	il m**it**
nous d**îmes**	ns écriv**îmes**	nous f**îmes**	nous m**îmes**
vous d**îtes**	vs écriv**îtes**	vous f**îtes**	vous m**îtes**
ils d**irent**	ils écriv**irent**	ils f**irent**	ils m**irent**

prendre	**voir**
je pr**is**	je v**is**
tu pr**is**	tu v**is**
il pr**it**	il v**it**
nous pr**îmes**	nous v**îmes**
vous pr**îtes**	vous v**îtes**
ils pr**irent**	ils v**irent**

5. weitere Verben im Überblick:

aller	il alla	ouvrir	il ouvrit
apercevoir	il aperçut	paraître	il parut
battre	il battit	partir	il partit
changer	il changea	peindre	il peignit
commencer	il commença	pleuvoir	il plut
conduire	il conduisit	préférer	il préféra
connaître	il connut	produire	il produisit
courir	il courut	réussir	il réussit
croire	il crut	rire	il rit
devenir	il devint	s'apercevoir	il s'aperçut
disparaître	il disparut	s'asseoir	il s'assit
dormir	il dormit	se plaindre	il se plaignit
écrire	il écrivit	se taire	il se tut
entendre	il entendit	servir	il servit
essayer	il essaya	suivre	il suivit
falloir	il fallut	traduire	il traduisit
jeter	il jeta	vaincre	il vainquit
mourir	il mourut	vendre	il vendit
naître	il naquit	vivre	il vécut

METS LE PASSÉ SIMPLE

1. Quand elle .... (voir) monsieur Hersant, elle .... (avoir) peur.
2. Je .... (commencer) à pleurer quand je .... (savoir) la nouvelle.
3. Nous .... (voir) les montagnes qui se découpaient à l'horizon.
4. Ils possédaient une maison au bord de la mer et ils .... (passer) toutes leurs vacances là-bas.
5. Vous .... (être) en retard.
6. Tout à coup il se .... (mettre) à répondre et il .... (répondre) de façon réfléchie.
7. Il lui .... (donner) des fleurs et s'en .... (aller).
8. Nous .... (recevoir) des cadeaux et les .... (ouvrir) tout de suite.
9. Nous étions en train de manger quand tout à coup le téléphone .... (sonner).
10. Pendant que nous prenions du thé, le facteur .... (apporter) une lettre.
11. Ils nous .... (demander) où se trouvaient les Tuileries.
12. Il .... (falloir) prendre le métro.
13. D'abord nous .... (faire) nos devoirs et puis nous .... (lire) des poèmes.
14. Les Prevel .... (recevoir) leurs invités sur la terrasse.
15. Nous .... (venir) vers huit heures, nos amis .... (arriver) un peu plus tard.
16. Vous .... (descendre) les bagages du grenier.
17. Il .... (traverser) la rue en courant.
18. Elle .... (écrire) la lettre et la .... (mettre) dans la boîte aux lettres.
19. Quand elle .... (entendre) cela, elle se .... (taire) et .... (partir).
20. Il .... (travailler) silencieusement. Il .... (faire) ses devoirs, ... (lire) le journal et ensuite il .... (écouter) les nouvelles.
21. Sa mère .... (entrer) et .... (s'asseoir) près de lui.
22. Il .... (tomber) malade et .... (mourir) en décembre.
23. Vers trois heures il .... (commencer) à pleuvoir.
24. Samedi il .... (tomber) malade et il .... (rester) dans sa chambre tout le week-end.

25. Il .... (refuser) notre offre.
26. Elle .... (faire) connaissance d'un jeune homme et .... (être) heureuse.
27. Les enfants .... (courir) à la fenêtre quand ils .... (entendre) leur père.
28. Il avait vingt ans quand il .... (faire) connaissance de sa femme.
29. Nous .... (attendre) un télégramme de notre père.
30. Après avoir dit au revoir, il .... (disparaître).
31. D'abord le garçon .... (prendre) des pierres, les .... (jeter) dans le lac et ensuite il .... (sauter) dans l'eau.
32. Une voiture s' .... (arrêter) près de lui.
Il .... (rcconnaître) la conductrice tout de suite.
Elle .... (descendre) de la voiture et le .... (saluer) cordialement.
33. Il .... (aller) se coucher parce qu'il était très fatigué.
34. Nous .... (faire) signe à un taxi et nous .... (monter) dedans.
35. Le matin madame Cardone .... (quitter) sa maison pour aller au marché. Elle .... (prendre) le métro et .... (descendre) place Monge. Elle .... (acheter) tout ce dont elle avait besoin, ... (aller) au café et .... (rentrer) vers onze heures.
36. Elle .... (perdre) sa carte orange.
37. Il .... (hésiter), puis il .... (entrer), nous .... (poser) des questions et .... (attendre) nos réponses.
38. Nous .... (ouvrir) la porte et .... (entrer).
39. Ils .... (boire) beaucoup trop.
40. Nous .... (vouloir) faire une promenade.
41. Il .... (vivre) au Moyen Âge.
42. Ils .... (devoir) faire leurs devoirs d'abord.
43. Il .... (recevoir) « Non » comme seule réponse.
44. Il .... (tenir) un cadeau à la main.
45. Ils .... (voir) arriver leurs parents.
46. Vous .... (parler) trop vite.
47. Vous .... (mettre) vos manteaux sur le portemanteau.
48. Il .... (gagner) sa vie.
49. Je .... (croire) à son innocence.
50. Elle .... (peindre) sa chambre de couleur bleue.
51. Eux, ils .... (se plaindre), mais nous ne .... (se plaindre) pas du tout.
52. Il .... (saluer) son frère.

LE PASSÉ ANTÉRIEUR

Voir d'abord ☺ **IV** p 53: ***le plus-que-parfait***. / ☺ **V** p 68: ***le passé simple***

1. Verwendung:

Das ***passé antérieur*** ist **rein literarisch** und drückt einen **vorzeitigen Vorgang**, eine **soeben beendete, abgeschlossene Handlung** in bezug auf ein *passé simple* (p 68) aus.
Es wird auch verwendet, um eine **sehr rasche Handlung** auszudrücken.
Es beantwortet die Frage: *Was geschah nun*?
Das *plus-que-parfait* hingegen drückt einen *Zustand* oder *nicht abgeschlossene Geschehnisse und gewohnheitsmäßige Handlungen* aus.
Im Deutschen wird das ***passé antérieur*** mit der **Vorvergangenheit** wiedergegeben.

Es findet sich vorwiegend nach:

lorsque, quand	*als*
après que (qu')	*nachdem*
dès que (qu'), aussitôt que (qu')	*sobald (als)*
à peine ... que (qu')	*kaum*
peu après que (qu')	*wenig nachher*
en un moment/instant	*in einem Augenblick*
en un clin d'œil	*in einem Augenblick*

2. Bildung:

Es wird gebildet mit ***être*** und ***avoir*** im ***passé simple*** + ***participe passé***.

je	**fus**	**parti(e)**
tu	**fus**	**entré(e)**
il/on	**fut**	**sorti**
elle	**fut**	**allée**
nous	**fûmes**	**rentré(e)s**
vous	**fûtes**	**entré(e)(s)**
ils	**furent**	**partis**
elles	**furent**	**parties**

j'	**eus**	**vu**
tu	**eus**	**pris**
il/elle/on	**eut**	**fait**
nous	**eûmes**	**lu**
vous	**eûtes**	**dit**
ils /elles	**eurent**	**payé**

METS LE PASSÉ ANTÉRIEUR

1. Après qu'il .... (inviter) ses amis, ils cherchèrent un cadeau pour lui.
2. Après qu'elle .... (travailler) toute la journée, elle fut très fatiguée.
3. Après qu'on .... (choisir) le menu, la serveuse vint.
4. Marie fut malade après qu'elle .... (boire) beaucoup trop de vin.
5. Il arriva, après que vous .... (sortir).
6. Après qu'il .... (tomber), sa jambe fut cassée.
7. Dès qu'elle .... (prendre) son bain, elle alla se coucher.
8. À peine .... (elle fermer) la fenêtre que le vent commença à souffler.
9. Quand monsieur Béart .... (refermer) la fenêtre, le téléphone sonna.
10. Quand il .... (manger), il se leva et s'en alla.
11. Très vite, elle .... (lire) cinq livres.
12. En un instant il .... (manger) tout le gâteau.
13. En un jour elle .... (nettoyer) toute la maison.
14. Quand .... (je/téléphoner), Lucie sonna.
15. Après que nous .... (prendre) notre repas, le facteur apporta un paquet.
16. Après qu'il .... (lire) son journal, il alla faire les courses.
17. À peine .... (elle/cacher) la lettre, qu'il entra.
18. À peine .... (ils/terminer) leurs travaux qu'ils partirent en vacances.
19. Quand les enfants .... (apprendre) leurs poèmes par cœur, ils allèrent à la piscine.

RELIE EN UTILISANT LE PASSÉ ANTÉRIEUR

1. Il prit le couteau et le posa sur son assiette. *(Nachdem)*
2. Elle finit ses devoirs et alla voir son amie. *(Als)*
3. Elle arriva chez Pierre et but un café avec lui. *(Sobald)*
4. Il commença à pleuvoir. Ils décidèrent de rester à la maison. *(Nachdem)*
5. Elle vint et mit les fleurs dans le vase. *(Kaum)*
6. Elle monta dans le train. Il partit. *(Kaum)*
7. Elle partit. Sa mère arriva. *(Sobald)*

TEL / TELLE / TELS / TELLES
solch/-er/-e/-es, manch/-er/-e/-es, so, wie

1. beifügende Verwendung:

J'ai vu dans **tel** film ...	*Ich habe in solch einem Film gesehen ...*
Elle a manqué une **telle** occasion!	*Sie hat solch eine Gelegenheit versäumt!*
J'avais une **telle** peur!	*Ich hatte solche Angst.*
Elle raconte de **telles** histoires!	*Sie erzählt solche Geschichten!*

2. prädikative Verwendung: tel (que)

La situation est **telle que** je te l'ai déjà annoncée.
Die Situation is so wie ich sie dir bereits angekündigt habe.

J'accepte votre offre **telle qu**'elle est.
Ich akzeptiere Ihr Angebot so wie es ist.

Elle refuse son plan **tel qu**'il est.
Sie lehnt seinen Plan, so wie er ist, ab.

Telle est mon opinion: il est honnête.
Das ist meine Meinung: Er ist verlässlich.

Il cherche une femme **telle que** sa mère.
Er sucht eine Frau so wie seine Mutter.

3. Verwendung als Adverb: tellement

J'ai **tellement** envie d'aller à Vienne.
Ich habe solche Lust nach Wien zu fahren.

Il aimerait **tellement** aller au cinéma.
Er würde so gerne ins Kino gehen.

Michel l'aime **tellement**.
Michael liebt sie so sehr.

Tu aimes les escargots? – Pas **tellement**.
Magst du Schnecken? – Nicht besonders.

Il te rend visite? – Plus **tellement**.
Besucht er dich? – Nicht mehr so oft.

Elle a **tellement** changé.
Sie hat sich so verändert.

Ce serait **tellement** mieux!
Das wäre so viel besser!

Leur maison est **tellement** (= si) grande.
Ihr Haus ist dermaßen / so groß.

C'est **tellement** (= si) compliqué.
Das ist so kompliziert.
Il a **tellement** (= tant) de problèmes.
Er hat so viele Probleme.
Il a **tellement** (= tant) d'amis.
Er hat so viele Freunde.
Elle a **tellement** (= tant) de courage.
Sie hat so viel Mut.
Nous avions **tellement** (= tant) de choses à nous dire.
Wir hatten uns so viel zu sagen.
Il espère **tellement** (= tant) la revoir un jour.
Er hofft so sehr, sie eines Tages wieder zu sehen.

Anmerkung: ***tellement*** wird in der **langue parlée** häufig anstelle von ***tant*** *(so viel)* und ***si*** *(so)*verwendet.
Tant steht vor **Verb** und **Nomen**.
Si steht vor **Adverb** und **Adjektiv**.

Merke:

Monsieur Un **tel**	*Herr Soundso*
Madame Une **telle**	*Frau Soundso*
Tel père, **tel** fils.	*Wie der Vater, so der Sohn.*
Je n'ai rien vu de **tel**.	*So etwas habe ich noch nie gesehen.*
Rien de **tel** qu'un bon repas.	*Es geht nichts über ein gutes Essen.*
tel jour	*an dem und dem Tag*
à **telle** heure	*um soundso viel Uhr*
C'était **tel** ou **tel** numéro.	*Es war diese oder jene Nummer.*
Tel est pris qui croyait prendre.	*Wer anderen eine Grube gräbt, fällt selbst hinein.*
Un **tel** prétend ceci, **tel** autre prétend cela.	*Der eine behauptet dies, der andere das.*

TEL, TELLE, TELS, TELLES (QUE) / TELLEMENT

1. Je ne peux pas supporter une .... conduite.
2. Il parle .... vite!
3. Elle cherche un homme .... son père.
4. Il a .... peur qu'il ne gagne pas.
5. On n'a jamais rien vu de ....
6. Il n'est pas charmant, mais il passe pour ....
7. Je ne trouve plus une amie .... elle.
8. Il faut le prendre .... il est.
9. Après cette nouvelle nous avons .... bien dormi.
10. Pierre a .... d'examens qu'il ne peut pas sortir.
11. Il fait un .... vent que nous ne pouvons pas sortir ce soir.
12. Elle aime dessiner des fleurs .... la rose, l'œillet ou la tulipe.
13. Je te prie de laisser les choses .... elles sont.
14. Il dépense .... d'argent pour ses chaussures!
15. Leur jardin est .... petit!
16. Il préfère les romans .... *Le procès*, *l'Amérique* ou *le Château*.
17. Il a couru .... vite que je ne pouvais pas le suivre.
18. Nous n'avons jamais vu un .... orage.
19. Excusez-moi, ... n'était pas mon intention.
20. Elle a .... pleuré que ses yeux sont enflés.
21. On ne peut qu'admirer un homme .... lui.
22. J'ai .... envie d'aller en France.
23. Tu travailles toujours beaucoup trop? – Pas ....
24. Nous ne pouvons pas supporter une .... chaleur.
25. Son idée était .... géniale que tout le monde a applaudi.
26. J'avais une .... faim que j'ai tout mangé.
27. Nos enfants étaient .... sages que Madame Bibaut les a invités.
28. On n'a jamais vu de .... personnes.
29. Vous ne pouvez pas me donner de .... travaux!
30. On ne rencontre pas souvent une .... amie.
31. Elle a .... d'argent qu'elle ne sait plus le dépenser.
32. Marie est .... sa mère.
33. L'alcool, ... est le problème de Madame Ledoux.
34. Il avait .... de fleurs dans son jardin.
35. Il y a un .... bruit dans la classe que le prof ne peut plus parler.
36. Il travaille .... qu'il n'a pas de loisirs.
37. Il a de .... qualités que toutes les femmes sont à ses pieds.
38. Nous sommes .... heureux de vous revoir.
39. Nous acceptons votre idée .... elle est.
40. Je ne me rappelle plus, c'était .... ou .... numéro.
41. Il voulait arriver à .... heure.

L'ARTICLE PARTITIF DANS LES PHRASES NÉGATIVES

Voir d'abord ☺ **I** p 59 *ne ... pas de*, p 62/1, ☺ **II** p 15 - 19 *l'article partitif.*

Wenn die **Verneinung nicht absolut** ist, sondern der **Sinn des Satzes positiv** ist, so verwendet man den **vollen** Teilungsartikel. In einer **absoluten Verneinung** steht das **partitive *de (d')***.

Exemples:

Je n'ai pas **d'**argent. *Ich habe (überhaupt) kein Geld.* **Absolute Verneinung**.
Je n'ai pas **de l'**argent pour le jeter par les fenêtres.
Ich habe kein Geld um es aus dem Fenster zu werfen. (= ich habe schon / sehr wohl Geld, aber nicht um es aus dem Fenster zu werfen.) **Verneinung ist nicht absolut**.

Tu n'as pas **d'**amis. *Du hast (überhaupt) keine Freunde.* **Absolute Verneinung**.
Est-ce que tu n'as pas **des** amis qui pourraient t'aider?
Hast du denn keine Freunde, die dir helfen könnten? (= du hast schon / sehr wohl Freunde, aber kann dir von ihnen keiner helfen?) **Verneinung ist nicht absolut**.

Ils sont venus sans faire **de** bruit. *ohne Lärm zu machen*. **Absolute Verneinung**.
Il ne sait pas parler français sans faire **des** fautes. *Er kann nicht Französisch sprechen, ohne Fehler zu machen. (= er kann sehr wohl Französisch sprechen, aber nicht ohne Fehler zu machen.)* **Verneinung ist nicht absolut**.

Il n'a pas **de** travail. *Er hat keine Arbeit.* **Absolute Verneinung**.
Il n'a pas **du** travail qui lui plaît. *Er hat keine Arbeit, die ihm gefällt. (= er hat sehr wohl Arbeit, aber keine, die ihm gefällt)* **Verneinung ist nicht absolut**.

Je n'ai pas acheté **de** fruits. *Ich habe keine Früchte gekauft.* **Absolute Verneinung**.
Je n'ai pas acheté **des** fruits pour que tu les laisses se gâter.
Ich habe keine Früchte gekauft, dass du sie verderben lässt. (= Ich habe sehr wohl Früchte gekauft, aber nicht, dass du sie verderben lässt.) **Verneinung ist nicht absolut**.

Je n'achète pas **de** vêtements. *Ich kaufe keine Kleidung.* **Absolute Verneinung**.
Je n'achète pas **des** vêtements parce que tous mes amis portent la même chose. *(Ich kaufe sehr wohl Kleidung, aber nicht nur deshalb, weil meine Freunde dasselbe tragen.)* **Verneinung ist nicht absolut**.

METS L'ARTICLE PARTITIF SI NÉCESSAIRE

1. Je n'ai pas .... argent pour t'acheter une nouvelle voiture.
2. Il ne mange jamais .... fromage.
3. Il n'oublie jamais d'acheter .... lait.
4. Elle n'a pas encore trouvé .... emploi.
5. Elle n'aime pas beaucoup .... hamburgers.
6. Vous n'avez pas .... voisins qui pourraient s'occuper de vos fleurs pendant les vacances?
7. Elle n'achète plus .... alcool.
8. Ce n'est pas .... vin.
9. Nous ne buvons ni .... champagne ni .... vin mousseux.
10. Le matin elle ne boit que .... thé.
11. Nous n'avons pas .... argent pour le gaspiller.
12. Elle s'en est allée sans écrire .... mots d'excuse.
13. Tu ne bois que .... limonade!
14. Il n'y a plus .... bière dans le réfrigérateur.
15. Il l'a quittée sans donner .... raison.
16. Il ne lui écrit plus .... lettres de cinq pages comme autrefois.
17. Elle n'écrit pas .... lettres.
18. Il ne prend que .... café au lait.
19. Je n'aime pas .... pommes.
20. Elle ne trouve pas .... emploi qui lui plaît.
21. Nous n'avons plus .... eau minérale.
22. Elle veut maigrir. Elle ne mange que .... pommes.
23. Il ne fait pas .... devoirs.
24. Il ne mange ni .... porc ni .... bœuf. Il ne mange que .... légumes.
25. Je n'ai pas .... argent.
26. Tu n'as pas .... livres que tu pourrais me donner pour le week-end?
27. Il n'oublie jamais de lui acheter .... fleurs pour son anniversaire.
28. Tu n'as pas .... magazines pour mon collage?
29. Je n'ai pas acheté .... livres pour que tu ne les lises jamais!
30. Il ne mange jamais .... légumes.
31. Il n'aime pas beaucoup .... légumes.
32. Nous n'avons pas .... soif maintenant.
33. Je n'achète plus .... légumes au supermarché.
34. Il n'a pas .... temps de venir.
35. Tu te trompes. Il n'a ni .... cheveux noirs ni .... yeux bruns.
36. Il ne travaille jamais avec .... joie.
37. Il n'a plus .... amis.

LE COMPLÉMENT D'OBJET DIRECT
Das direkte Objekt

Voir d'abord ☺ **I** p 84, *le complément d'objet indirect.*

Das **direkte Objekt** ist ein **Akkusativ**.

Achtung: Die **deutsche Übersetzung** folgender Verben verlangt jedoch den **3. Fall**.

affronter qn	*jemandem trotzen*
aider qn	*jem. helfen*
applaudir qn	*jem. applaudieren*
assister qn	*jem. helfen*
braver qn	*jem. trotzen,*
	jem. die Stirn bieten
conseiller qn dans qc*	*jem. Rat erteilen bei*
contredire qn	*jem. widersprechen*
craindre qn	*sich vor jem. fürchten*
croire qn	*jem. glauben*
demander qn	*nach jem. verlangen*
devancer qn	*jem. vorangehen*
éclairer qn	*jem. berichten*
écouter qn	*jem. zuhören*
égaler qn	*jem. gleichkommen*
féliciter qn	*jem. Glück wünschen*
flatter qn	*jem. schmeicheln*
fuir qn	*vor jem. fliehen,*
	jem. ausweichen
menacer qn	*jem. drohen*
précéder qn	*jem. vorangehen,*
	jem. zuvorkommen
prévenir qc	*etwas zuvorkommen*
remercier qn	*jem. danken*
rencontrer qn	*jem. begegnen*
seconder qn	*jem. helfen*
secourir qn	*jem. helfen*
servir qn	*jem. dienen*
suivre qn	*jem. folgen*

*auch: conseiller à qn de faire qc *jem. raten etwas zu tun*

LE COMPLÉMENT D'OBJET INDIRECT ET LES COMPLÉMENTS DU VERBE
Das indirekte Objekt und Ergänzungen des Verbs

Voir d'abord ☺ **I** p 84, *le complément d'objet indirect.*
Voir d'abord ☺ **III** p 38 - 54, *la préposition de/à, verbes sans préposition.*

Achtung: Die **deutsche Übersetzung** folgender Verben verlangt jedoch den **4. Fall**.

abuser de qn	*jemanden ausnützen*
changer de qn.	*jemanden auswechseln*
hériter de qn.	*jemanden beerben*
jouer à un jeu	*ein Spiel spielen*
jouer d'un instrument	*ein Instrument spielen*
profiter de qn	*jemanden ausnützen*
s'apercevoir de qc	*etwas bemerken*
survivre à qn	*jemanden überleben*

COMPLÈTE SI NÉCESSAIRE

1. Pierre aide .... sa mère à laver la vaisselle.
2. Il a remercié .... son professeur.
3. Vous envoyez une lettre .... vos parents.
4. Elle sait bien jouer .... la guitare.
5. Il ne pouvait pas fuir .... la police.
6. Éclairez .... votre père sur tous les détails.
7. L'élève confirme la vérité .... professeur.
8. Un monsieur Cassel a demandé .... monsieur le directeur.
9. Madame Mellet offre des sandwiches .... invités.
10. Elle a remercié .... ses voisins de s'occuper de ses fleurs.
11. L'élève a contredit .... son professeur.
12. Nous aimons jouer .... échecs.
13. Ils montrent les photos des vacances .... Dufour.
14. Ils rendent les livres .... amis.
15. Il faut écouter .... ta mère, Fabienne.
16. Le petit garçon suit .... sa mère partout.
17. Est-ce qu'ils ont demandé des solutions .... Nicole?
18. Elle ne flatte pas .... le directeur.
19. Il a menacé .... son collègue.
20. J'ai prêté de l'argent .... mon amie.
21. Le week-end on va féliciter .... notre grand-mère.
22. Elle attendait .... son chef devant son bureau.
23. Il a rencontré .... son vieil ami Luc.
24. J'ai demandé l'adresse de madame Paret .... madame Dumur.
25. L'hôtel a changé .... concierge.
26. Ils ont annoncé leur mariage .... leurs amis.
27. Je voudrais bien parler .... madame Boulant, s'il vous plaît.
28. Le restaurant va changer .... chef de cuisine.
29. Monsieur Pichat précède .... son fils dans sa carrière.
30. Elle n'a jamais écouté .... ses parents.
31. Dites au revoir .... tante Marie, les enfants.
32. Il abuse .... sa femme dans le ménage. Lui, il ne fait presque rien.
33. Elle a survécu de vingt ans .... son mari.
34. Qu'est-ce que vous avez reproché .... enfants?
35. Un certain monsieur Gibert demande .... monsieur Nace.
36. Est-ce que vous pourriez expliquer nos règles .... Fernand?
37. Ils ont hérité une grande maison .... leurs grands-parents.
38. Elle a affronté .... son adversaire et elle a gagné.
39. Les gens ont applaudi .... l'acteur frénétiquement.
40. Ils ont essayé de prévenir .... toutes ses questions.
41. Elle ne peut pas égaler .... sa sœur en beauté.

LE GENRE DES SUBSTANTIFS
Das Geschlecht der Substantive

Voir d'abord ☺ **II p** 91.

1. Grundregel: Die meisten Wörter auf **-e** sind **weiblich**.

Ausnahmen: (voir aussi p 85/4)

le beurre *(Butter)*	**le** geste *(Geste)*	**le** silence *(Stille)*
le buste *(Büste)*	**le** groupe *(Gruppe)*	**le** système
le calme *(Ruhe)*	**le** gymnase *(Turnsaal)*	**le** texte *(Text)*
le caprice *(Laune)*	**le** manège *(Manege)*	**le** timbre *(Marke)*
le caractère *(Charakter)*	**le** masque *(Maske)*	**le** trophée *(Trophäe)*
le carrosse *(Karosse)*	**le** message *(Botschaft)*	**le** tube *(Tube)*
le chiffre *(Zahl)*	**le** microbe *(Mikrobe)*	**le** vase *(Vase)*
le cigare *(Zigarre)*	**le** nombre *(Nummer)*	**le** village *(Dorf)*
le collège *(Gesamtschule)*	**le** passage *(Durchgang)*	**le** virage *(Kurve)*
le concombre *(Gurke)*	**le** père *(Vater)*	**le** visage *(Gesicht)*
le contrôle *(Kontrolle)*	**le** phare *(Leuchtturm)*	**le** vocabulaire
le costume *(Anzug)*	**le** poème *(Gedicht)*	**un** âge *(Alter)*
le courage *(Mut)*	**le** problème *(Problem)*	**un** article *(Artikel)*
le cuivre *(Kupfer)*	**le** programme	**un** atome *(Atom)*
le domaine *(Domäne, Gebiet)*	**le** régime *(Diät; Regime)*	**un** axe *(Achse)*
le doute *(Zweifel)*	**le** reportage	**un** épisode *(Ereignis)*
le frère *(Bruder)*	**le** rêve *(Traum)*	**un** étage *(Etage)*
le gage *(Lohn)*	**le** rhume *(Schnupfen)*	**un** incendie *(Brand)*
le garage *(Garage)*	**le** rôle *(Rolle)*	**un** intervalle *(Intervall)*
le génie *(Genie)*	**le** russe *(Russisch)*	**un** uniforme
le genre *(Sorte, Geschlecht)*	**le** saule *(Weide)*	

2. Manche Substantive, die auf **-e** enden, haben im **Maskulinum und Femininum dieselbe** Form. (☺ **II** p 91)

männlich	**weiblich**
le patriote	**la** patriote
le pianiste	**la** pianiste
le secrétaire	**la** secrétaire
le guide	**la** guide *(Führer/in)*

3. Endungen weiblicher Substantive:

		Ausnahmen:
-ade	la promen**ade** *(Spaziergang)*, la sal**ade**	**le** sta**de** *(Stadion)*
-aille	la bat**aille** *(Schlacht)*, la can**aille** *(Schurke)*	
-aine	une douz**aine** *(Dutzend)* la cent**aine** *(Hundert)*, la sem**aine** *(Woche)*	**le** capit**aine** *(Kapitän)*
-aison	la compar**aison** *(Vergleich, Steigerung)* la conjug**aison** *(Vereinigung, Konjugation)*	
-ance	l'espér**ance** *(Hoffnung)*, l'enf**ance** *(Kindheit)* la connaiss**ance** *(Kenntnis)* la dist**ance** *(Entfernung)* la résist**ance** *(Widerstand)* la confi**ance** *(Vertrauen)*	
-çon	la le**çon**, la fa**çon** *(Art)*	**le** lima**çon** *(Weinbergschnecke)* **le** soup**çon** *(Verdacht)*
-ée	la journ**ée**, la soir**ée**, la matin**ée** une id**ée**, l'entr**ée** *(Eingang)*	**le** lyc**ée** *(Gymnasium)*, **le** mus**ée** **le** troph**ée** *(Trophäe)*
-elle	la pou**belle** *(Mistkübel)*, la fic**elle** *(Schnur)* une éch**elle** *(Leiter)*, la nouv**elle** *(Neuigkeit)* la chand**elle** *(Kerze)*, la voy**elle** *(Vokal)*	
-ence	la concurr**ence**, la pati**ence** *(Geduld)* la prés**ence** *(Anwesenheit)* la différ**ence** *(Unterschied)* une ess**ence** *(Benzin)*	
-ère	une étrang**ère** *(Fremde)* la boulang**ère** *(Bäckerin)*	le caract**ère** *(Charakter)* le crit**ère** *(Kriterium)*
-esse	la polit**esse** *(Höflichkeit)* la vit**esse** *(Geschwindigkeit)* la prom**esse** *(Versprechen)* la car**esse** *(Liebkosung)* une hôt**esse** *(Hostess)*, la jeun**esse** *(Jugend)* la princ**esse**, la maîtr**esse** *(Lehrerin)*	
-ette	la bicycl**ette** *(Fahrrad)*, la gal**ette** *(Kuchen)* la maisonn**ette** *(das Häuschen)*, la bagu**ette**	
-eur	la chal**eur** *(Hitze)*, la doul**eur** *(Schmerz)* la coul**eur** *(Farbe)*, la douc**eur** *(Milde)* une err**eur** *(Fehler)*, la grand**eur** *(Größe)* la terr**eur** *(Schrecken)* la fl**eur** *(Blume)*, la p**eur** *(Angst)*	**le** project**eur** *(Projektor)*, **le** radiat**eur** *(Heizkörper)* **le** mot**eur** **le** lab**eur** *(Mühsal)* **un** grand honn**eur** *(Ehre)* **le** bonh**eur** *(Glück)* **le** malh**eur** *(Unglück)*

		Ausnahmen:
-euse	la vend**euse** *(Verkäuferin)* la serv**euse** *(Serviererin)* la dans**euse** *(Tänzerin)*, la frit**euse**	
-ie	la plaisanter**ie** *(Scherz)*, l'épicer**ie** la pâtisser**ie** *(Konditorei, Gebäck)* la librair**ie** *(Bücherei)*, la boulanger**ie** la patr**ie** *(Vaterland)*, la malad**ie** *(Krankheit)*	**un** incendie *(Brand)*
-ière	la pr**ière** *(Gebet)*, la barr**ière** *(Absperrung)* une infirm**ière** *(Krankenschwester)* la mat**ière,** la cuisin**ière** *(Köchin)* une ouvr**ière** *(Arbeiterin)*	
-ine	la speaker**ine** *(Sprecherin)* la cous**ine** *(Cousine)* la cuis**ine** *(Küche)*	
-ion	la nat**ion**, la relig**ion**, la discuss**ion** la déviat**ion** *(Umleitung)*, la port**ion** la télévis**ion**, la rat**ion**, la conversat**ion** une occas**ion** *(Gelegenheit)*	**un** av**ion** *(Flugzeug)* **le** mill**ion** *(Million)* **le** bill**ion** *(Billion)* **le** cam**ion** *(Lastwagen)*
-ise	la bêt**ise** *(Dummheit)*, une égl**ise** *(Kirche)* la surpr**ise** *(Überraschung)* la chem**ise** *(Hemd)*, la sott**ise** *(Dummheit)* la friand**ise** *(Süßigkeit)*	
-son	la chan**son**, la mai**son** la sai**son**, la rai**son** *(Vernunft, Verstand)* la livrai**son** *(Lieferung)*, la bois**son** *(Getränk)*	**le** blou**son**, **le** poi**son** *(Gift)* **le** pois**son** *(Fisch)*
-té	la bon**té** *(Güte)*, l'humani**té** *(Menschlichkeit)* la liber**té** *(Freiheit)*, la quali**té** *(Qualität)* la nationali**té**, la fraterni**té** *(Brüderlichkeit)* la véri**té** *(Wahrheit)*, la san**té** *(Gesundheit)*	**le** dépu**té** *(Abgeordneter)* **le** cô**té** *(Seite)*, **un** é**té** *(Sommer)* **le** trai**té** *(Vertrag)* **le** pâ**té** *(Pastete)* **le** comi**té** *(Ausschuss)*
-tié	l'ami**tié** *(Freundschaft)*, la moi**tié** *(Hälfte)* la pi**tié** *(Mitleid)*	
-tion	la manifesta**tion** *(Demonstration, Veranstaltung)* la construc**tion** la conversa**tion**	
-trice	la conduc**trice** *(Fahrerin)* la moni**trice** *(Betreuerin)* la direc**trice**	
-ude	la servit**ude** *(Dienstbarkeit)* une inquiét**ude** *(Unruhe)*, une habit**ude**	
-ure	la voit**ure**, une avent**ure** *(Abenteuer)* la nat**ure**, la cult**ure**	**le** murm**ure** *(Gemurmel)*

4. Endungen männlicher Substantive:

		Ausnahmen:
-age	le cour**age** *(Mut)*, le gar**age**, l'**âge** *(Alter)* le pass**age** *(Durchgang)*, un ét**age** le vill**age** *(Dorf)*, le vis**age** *(Gesicht)* le sond**age** *(Umfrage)*, le vir**age** *(Kurve)* le report**age**, le patin**age** *(Eislaufen)*	**la cage** *(Käfig)* **la page** *(Seite)*, **la** plage *(Strand)* **la rage** *(Wut)* **la nage** *(Schwimmen)* **une** image *(Bild)*
-ail	le trav**ail**, le dét**ail**, le port**ail** *(Portal)*	
-ain	le p**ain**, le b**ain** *(Bad)*	**la main** *(Hand)*
-aire	le commiss**aire**, le dictionn**aire**	
-al	le chev**al**, le sign**al**, le can**al**, un hôpit**al** le capit**al**	
-eau	le tabl**eau** *(Bild)*, le bur**eau**, le chât**eau** le chap**eau** *(Hut)*, le rid**eau** *(Vorhang)*	**l'eau** *(Wasser)* **la peau** *(Haut)*
-ège	le man**ège**, le coll**ège**, le pi**ège** *(Falle)* le privil**ège** *(Vorrecht)*	
-ent	l'arg**ent** *(Geld)*, un ag**ent** *(Polizist)*, le tal**ent** le docum**ent**, un accid**ent** *(Unfall)*, le v**ent**	**la dent** *(Zahn)*
-et	le bill**et** *(Fahrkarte)*, le paqu**et** *(Paket)* le guich**et** *(Schalter)*, le tick**et**	
-eu	le chev**eu** *(Haar)*, le mili**eu** *(Mitte)* le nev**eu** *(Neffe)*	
-eur	le monit**eur** *(Betreuer)*, le vend**eur** *(Verkäufer)* le baign**eur** *(Badender)*, le tract**eur** *(Traktor)* le voyag**eur** *(Reisender)* *<u>männlich</u>: wenn Substantiv etw.* ***<u>Konkretes</u>*** *oder eine* ***<u>Person</u>*** *bezeichnet.*	**la peur** *(Angst)* **la** chal**eur** *(Hitze, Wärme)* *<u>weiblich</u>: wenn Substantiv etw.* ***<u>Abstraktes</u>*** *bezeichnet.*
-ice	le sacrif**ice** *(Opfer)*, un ind**ice** *(Indiz)* le précip**ice** *(Abgrund)*	**la** not**ice** *(Notiz, Vermerk)*
-ier	le cah**ier** *(Heft)*, l'ouvr**ier** *(Arbeiter)* un escal**ier** *(Stiege)*, le mét**ier** *(Beruf)* le cuisin**ier** *(Koch)*	
-ige	le prest**ige** *(Ansehen)*	
-in	le dess**in** *(Zeichnung)*, le vois**in** *(Nachbar)* le v**in** *(Wein)*	**la fin** *(Ende)*
-isme	le romant**isme**, le social**isme** le tour**isme** *(Fremdenverkehr)*, le pacif**isme**	

Fortsetzung nächste Seite!

-ment	un apparte**ment**, le mo**ment**, le loge**ment** *(Wohnung)* le firma**ment**, le mouve**ment** *(Bewegung)*
-on	le coup**on** *(Abschnitt)*, le ball**on** le cray**on** *(Farbstift)*, le mel**on** le viol**on** *(Violine)*, l'horiz**on** *(Horizont)*
-oir	le dev**oir** *(Aufgabe)*, le dort**oir** *(Schlafsaal)* le mir**oir** *(Spiegel)*, le pouv**oir** *(Macht)* le tir**oir** *(Schublade)*, le trott**oir** *(Gehsteig)*

Ausnahmen:

la jument *(Stute)*

5. Substantive mit **2 verschiedenen** Geschlechtern und **unterschiedlicher Bedeutung**.

männlich		**weiblich**	
un aide	*der Gehilfe*	**une** aide	*die Hilfe*
le critique	*der Kritiker*	**la** critique	*die Kritik*
le garde	*der Wächter*	**la** garde	*die Wache*
le livre	*das Buch*	**la** livre	*das halbe Kilo*
le manche	*der Stiel*	**la** manche	*der Ärmel*
le manœuvre	*der Hilfsarbeiter*	**la** manœuvre	*das Manöver*
le mémoire	*Bericht, Gutachten*	**la** mémoire	*das Gedächtnis*
le merci	*der Dank*	**la** merci	*die Gnade*
le mode	*die Art und Weise*	**la** mode	*die Mode*
le mort	*der Tote*	**la** mort	*der Tod*
le mousse	*der Schiffsjunge*	**la** mousse	*das Moos, der Schaum*
le page	*der Page*	**la** page	*die Seite*
le parallèle	*der Vergleich*	**la** parallèle	*die Parallellinie*
le pendule	*das Pendel*	**la** pendule	*die Wanduhr*
le physique	*das Aussehen*	**la** physique	*die Physik*
le poêle	*der Ofen*	**la** poêle	*die Bratpfanne*
le poste	*der Posten*	**la** poste	*das Postamt, die Post*
le tour	*die Tour*	**la** tour	*der Turm*
le trompette	*der Trompeter*	**la** trompette	*die Trompete*
le vague	*das Unbestimmte*	**la** vague	*die Welle, Woge*
le vapeur	*der Dampfer*	**la** vapeur	*der Dampf*
le vase	*die Vase*	**la** vase	*der Schlamm*
le voile	*der Schleier*	**la** voile	*das Segel*

6. Länder:

Voir aussi ☺ **I** p 20.

weiblich	**männlich**
l'Autriche	**le** Brésil
l'Australie	**le** Canada
l'Allemagne	**le** Danemark
la France	**le** Japon
la Belgique	**le** Liban
la Suisse	**le** Maroc
l'Italie	**le** Mexique
l'Espagne	**le** Pérou
l'Angleterre	**le** Portugal
la Russie	**le** Vénézuéla
la Sicile	**le** Luxembourg
l'Europe	**les** Pays-Bas
l'Asie	**les** États-Unis
l'Irlande	
la Pologne	

7. Städte:

Werden **häufiger** in der **maskulinen** Form gebraucht. Eine fixe Regel gibt es nicht. Es entscheidet der Sprachgebrauch.
Man kann mit ***la ville de*** umschreiben, um Schwierigkeiten aus dem Weg zu gehen.

männlich	**weiblich**
Venise est merveill**eux**.	Venise est merveill**euse**.
Paris est **beau**.	Alger **la** blanche
le Tout-Paris	**la** Rome antique
le vieux Marseille	***La ville de*** Vienne est belle.
Vienne est **beau**.	**la** Vienne romantique
le Berlin de mon enfance	
le Havre	

8. Flüsse:

männlich	**weiblich**	
le Rhône	**la** Seine	**la** Saône
le Danube	**la** Garonne	**la** Moselle
le Rhin	**la** Loire	
le Main		

9. Berge:

männlich	**weiblich**
le Mont-Blanc	**les** Alpes
le Jura	**les** Pyrénées
	les Vosges

10. Automarken: sind **immer weiblich**.

la Porsche	**la** Jeep	**la** BMW
la Peugeot	**une** Opel	**la** Citroën
la Volkswagen	**la** Ford	**la** Renault

11. Bäume und Büsche: Sie sind **meistens männlich**.

männlich:	l'abricotier	*Marillenbaum*	le saule	*Weide*
	le hêtre	*Buche*	le sapin	*Tanne*
	un aune	*Erle*	le lierre	*Efeu*
	le cerisier	*Kirschbaum*	le noyer	*Nussbaum*
	le chêne	*Eiche*	le noisetier	*Haselstrauch*
	le bouleau	*Birke*	l'amandier	*Mandelbaum*
	le pêcher	*Pfirsichbaum*	l'olivier	*Ölbaum*
	le poirier	*Birnbaum*	le framboisier	*Himbeerstrauch*
	le pommier	*Apfelbaum*	le citronnier	*Zitronenbaum*
	le prunier	*Zwetschkenbaum*		

weiblich:	**la** vigne	*Weinstock*
	la ronce	*Brombeerstrauch*
	une aubépine	*Weißdorn*

12. Himmelsrichtungen, Jahreszeiten, Monate, Wochentage, Zahlen sind **männlich**.

le nord, **le** sud, **l'**est, **l'**ouest, **le** nord-est ...
le printemps *(Frühling)*, **un** été *(Sommer)*, **un** automne *(Herbst)*, **un** hiver *(Winter)*
le (mois de) janvier, **le** (mois de) février, **le** (neuf) mars, **le** (huit) mai ...
le dimanche, **le** lundi, **le** vendredi, **le** mercredi ...
le huit, **le** sept ...

13. Metalle und chemische Verbindungen sind **männlich**.

männlich:	**l'**aluminium	*Aluminium*	**le** bronze	*Bronze*
	le cuivre	*Kupfer*	**le** fer	*Eisen*
	l'or	*Gold*	**l'**argent	*Silber*
	le platine	*Platin*	**le** soufre	*Schwefel*
	le nickel	*Nickel*	**le** chrome	*Chrom*
	le laiton	*Messing*		

Ausnahme: **la** bauxite *Bauxit*

14. Substantiva, die die Form eines **Infinitivs** haben, sind **männlich**:

le dîner *(Abendessen)*	**le** souvenir *(Erinnerung, Souvenir)*
le manger *(Essen, Nahrungsmittel)*	**le** coucher du soleil *(der Sonnenuntergang)*
le déjeuner *(Mittagessen)*	**le** devoir *(Pflicht, Hausaufgabe)*
	le pouvoir *(Macht)*

15. Feste: sind meist **weiblich**.

weiblich		**männlich**	
la Toussaint	*Allerheiligen*	**un** beau Noël	*Weihnachten*
la Saint-Thomas	*Fest des Hl.Thomas*	Noël est ven**u**.	
la Saint-Sylvestre	*Silvester*	Joy**eux** Noël!	*Fröhliche Weihn.!*
la Pentecôte	*Pfingsten*	**le** Nouvel An	*Neujahr*
la Fête-Dieu	*Fronleichnam*	**un** anniversaire	*Geburtstag*
la fête des Rois	*Dreikönigstag*		
Bonnes / **Joyeuses** Pâques!	*Frohe Ostern!*		

16. Besonderheiten:

männlich	**weiblich**
les gens, **tous** les gens	
mit nachgestelltem Adjektiv:	*mit vorangestelltem Adjektiv:*
les gens paress**eux**	de / les **bonnes** gens
les gens curi**eux**	de / les **vieilles** gens
	de / les **petites** gens
	certaines gens
un après-midi	**une** après-midi
le soleil *(Sonne)*	**la** lune *(Mond)*

METS LES ARTICLES CORRECTS

1. ...... amitié
2. ...... anniversaire
3. ...... aventure
4. ...... avion
5. ...... axe
6. ...... Belgique
7. ...... belle Rome
8. ...... Berlin des années 20
9. ...... beurre
10. ...... blouson
11. ...... boisson
12. ...... bonté
13. ...... boulangère
14. ...... bronze
15. ...... bureau
16. ...... cage
17. ...... canal
18. ...... capitaine
19. ...... centaine
20. ...... chaleur
21. ...... chapeau
22. ...... chemise
23. ...... cheveu
24. ...... chiffre
25. ...... chrome
26. ...... cigare
27. ...... connaissance
28. ...... conversation
29. ...... côté
30. ...... coucher du soleil
31. ...... courage
32. ...... crayon
33. ...... Danemark
34. ...... Danube
35. ...... déjeuner
36. ...... dent
37. ...... dessin
38. ...... dimanche
39. ...... dîner
40. ...... domaine
41. ...... douceur
42. ...... doute
43. ...... erreur
44. ...... escalier
45. ...... façon
46. ...... fer
47. ...... fête des Rois
48. ...... fleur
49. ...... garage
50. ...... Garonne
51. ...... geste
52. ...... grandeur
53. ...... guide
54. ...... Havre
55. ...... hôpital
56. ...... idée
57. ...... image
58. ...... incendie
59. ...... indice
60. ...... intervalle
61. ...... six janvier
62. ...... jument
63. ...... Jura
64. ...... labeur
65. ...... Liban
66. ...... liberté
67. ...... Loire
68. ...... lune
69. ...... Luxembourg
70. ...... lycée
71. ...... manger
72. ...... masque
73. ...... melon
74. ...... Renault
75. ...... métier
76. ...... Mexique
77. ...... milieu
78. ...... million
79. ...... miroir
80. ...... Mont Blanc
81. ...... moteur
82. ...... musée
83. ...... nage
84. ...... notice
85. ...... Nouvel An
86. ...... noyer
87. ...... olivier
88. ...... Opel
89. ...... page
90. ...... passage
91. ...... pâté
92. ...... pâtisserie
93. ...... patriote
94. ...... peau
95. ...... Pentecôte
96. ...... Pérou
97. ...... Peugeot
98. ...... plage
99. ...... poirier
100. ...... poison
101. ...... poisson
102. ...... pommier
103. ...... Portugal
104. ...... poubelle
105. ...... pouvoir
106. ...... prière
107. ...... projecteur
108. ...... prunier
109. ...... rage
110. ...... raison
111. ...... Rhin
112. ...... Rhône
113. ...... rhume
114. ...... ronce
115. ...... Russie
116. ...... sacrifice
117. ...... salade
118. ...... secrétaire
119. ...... Seine
120. ...... sept
121. ...... Sicile
122. ...... soirée
123. ...... soleil
124. ...... sondage
125. ...... soupçon
126. ...... souvenir
127. ...... sud
128. ...... Suisse
129. ...... système
130. ...... talent
131. ...... tiroir
132. ...... Toussaint
133. ...... Tout-Paris
134. ...... travail
135. ...... tube
136. ...... vase
137. ...... vendeur
138. ...... vérité
139. ...... vigne
140. ...... violon
141. ...... virage
142. ...... visage
143. ...... vitesse
144. ...... vocabulaire
145. ...... voisin
146. ...... voyageur

À REMPLIR: FÉMININ OU MASCULIN

1. .... manche de couteau est en bois.
2. .... Tout-Paris était là.
3. .... page a monté les valises au premier étage.
4. .... (Joyeux / Joyeuse) Noël!
5. Chacun peut choisir .... mode de vie qu'il préfère.
6. Dans .... vase du fleuve on a trouvé beaucoup de tout petits animaux.
7. Elle a risqué .... mort.
8. Elle n'a reçu .... (aucun / aucune) aide.
9. .... manche de ta chemise est trop sale.
10. Elle n'aime pas beaucoup les gens .... (curieux / curieuses).
11. Fabienne est toujours à .... mode.
12. Faites .... critique de cette pièce de théâtre!
13. Il a déchiré .... page du livre de français.
14. Il a écrit .... livre sur Alger .... (le blanc / la blanche).
15. Il laisse tout dans .... vague.
16. Il regardait .... vague s'approcher.
17. Il rêve toujours .... (du beau / de la belle) Marseille.
18. Ils ont passé leur voyage de noces à Rome, ... (la belle / le beau).
19. Ils sont venus .... après-midi.
20. .... (Joyeux / Joyeuses) Pâques!
21. J'ai acheté .... livre de tomates.
22. J'aime bien .... mousse au chocolat.
23. L'accident a fait .... mort et deux blessés.
24. Les .... (vieux / vieilles) gens sont dans le parc.
25. Les élèves sont montés à .... tour Eiffel.
26. L'Irlande est .... (vert / verte).
27. Madame Provot est .... (un bon / une bonne) patriote.
28. Mets .... poêle sur .... poêle.
29. Mets les fleurs dans .... vase, s'il te plaît.
30. Monsieur Pichat travaille comme .... (un / une) aide de laboratoire.
31. Nous avons navigué à .... voile.
32. On dit que monsieur Nace est .... critique très sévère.
33. On fête .... Saint-Sylvestre le 31 décembre.
34. C'est .... (un / une) souvenir de mon enfance.
35. Prenez .... page 30 et lisez.
36. Pierre Murat a gagné .... Tour de France l'année dernière.
37. Venise est .... (beau / belle).
38. Vous allez lire .... livre jusqu'à demain.
39. Elle aime se lever avec .... soleil.

LE PLURIEL DES NOMS COMPOSÉS

Voir d'abord ☺ **II** p 75 – 77

1. Bei **zusammengesetzten Nomen** werden sowohl **Adjektive** als auch **Substantive** in den **Plural** gesetzt.

le chou-fleur	les chou**x**-fleur**s**	(nom + nom)	*(Karfiol)*
la porte-fenêtre	les porte**s**-fenêtre**s**	(nom + nom)	*(Fenstertür)*
le wagon-restaurant	les wagon**s**-restaurant**s**	(nom + nom)	*(Speisewagen)*
le wagon-lit	les wagon**s**-lit**s**	(nom + nom)	*(Schlafwagen)*
le marteau-piqueur	les marteau**x**-piqueur**s**	(nom + nom)	*(Schlagbohrer)*
le chien-loup	les chien**s**-loup**s**	(nom + nom)	*(Wolfshund)*
le chef-lieu	les chef**s**-lieu**x**	(nom + nom)	*(Hauptstadt)*
le sourd-muet	les sourd**s**-muet**s**	(nom + nom / adjectif + adjectif)	*(Taubstummer)*
la sourde-muette	les sourde**s**-muette**s**	(nom + nom / adjectif + adjectif)	*(Taubstumme)*
le coffre-fort	les coffre**s**-fort**s**	(nom + adjectif)	*(Geldschrank)*
le Peau-Rouge	les Peau**x**-Rouge**s**	(nom + adjectif)	*(Rothaut)*
le beau-frère	les beau**x**-frère**s**	(adjectif + nom)	*(Schwager)*
la belle-mère	les belle**s**-mère**s**	(adjectif + nom)	*(Schwiegermutter)*
la basse-cour	les basse**s**-cour**s**	(adjectif + nom)	*(Hühnerhof)*
le dernier-né	les dernier**s**-né**s**	(adjectif + nom)	*(Letztgeborener)*
le grand-père	les grand**s**-père**s**	(adjectif + nom)	*(Großvater)*

Merke: ***grand*** nimmt in Zusammensetzungen **keine *weibliche* Endung** an.

la *grand*-mère	*2 Pluralformen:*	les *grand***s**-mère**s**
		les *grand*-mère**s**
la *grand*-route	*(Landstraße)*	les *grand*-route**s**

2. Bei manchen **zusammengesetzten Nomen** wird nur **das erste Substantiv** in den **Plural** gesetzt.

le timbre-poste	les timbre**s**-poste	(nom + nom)	*(Marke)*
la station-service	les station**s**-service	(nom + nom)	*(Tankstelle)*
l'appui-tête	les appui**s**-tête	(nom + nom)	*(Kopflehne)*

3. Verben, Adverbien, Pronomen und **Präpositionen** bleiben im **Plural** meist **unverändert**.

le tire-bouchon	les tire-bouchon**s**	(verbe + nom)	*(Korkenzieher)*
le couvre-lit	les couvre-lit**s**	(verbe + nom)	*(Tagesdecke)*
le couvre-chef	les couvre-chef**s**	(verbe + nom)	*(Kopfbedeckung)*
le couvre-livre	les couvre-livre**s**	(verbe + nom)	*(Buchhülle)*
le cure-dent	les cure-dent**s**	(verbe + nom)	*(Zahnstocher)*
le garde-fou	les garde-fou**s**	(verbe + nom)	*(Geländer)*
un ouvre-boîte	des ouvre-boîte**s**	(verbe + nom)	*(Dosenöffner)*
le laissez-passer	les laissez-passer	(verbe + verbe)	*(Passagierschein)*
un ouï-dire	des ouï-dire	(verbe + verbe)	*(Hörensagen)*
la contre-attaque	les contre-attaque**s**	(préposition + nom)	*(Gegenangriff)*
la contre-offre	les contre-offre**s**	(préposition + nom)	*(Gegenangebot)*
une arrière-garde	des arrière-garde**s**	(préposition + nom)	*(Nachhut)*
une arrière-cour	des arrière-cour**s**	(préposition + nom)	*(Hinterhof)*
un on-dit	des on-dit	(pronom + verbe)	*(Gerücht)*
un haut-parleur	des haut-parleur**s**	(adverbe + nom)	*(Lautsprecher)*

Merke: un après-midi *2 Pluralformen:* des après-midi
(préposition + nom) *(Nachmittag)* des après-midi**s**

4. Unverändert bleiben:

le brise-glace	les brise-glace	*(Eisbrecher)*
le casse-tête	les casse-tête	*(knifflige Aufgabe)*
le chasse-neige	les chasse-neige	*(Schneepflug)*
le coupe-papier	les coupe-papier	*(Brieföffner)*
le faire-part	les faire-part	*(Anzeige, Annonce)*
le garde-boue	les garde-boue	*(Schutzblech)*
le gratte-ciel	les gratte-ciel	*(Wolkenkratzer)*
le hache-viande	les hache-viande	*(Fleischwolf)*
le lave-vaisselle	les lave-vaisselle	*(Geschirrspüler)*
le passe-partout	les passe-partout	*(Hauptschlüssel)*
le perce-neige	les perce-neige	*(Schneeglöckchen)*
le porte-monnaie	les porte-monnaie	*(Geldtasche)*
le porte-plume	les porte-plume	*(Federhalter)*
le presse-citron	les presse-citron	*(Zitronenpresse)*
le réveille-matin	les réveille-matin	*(Wecker)*
le sans-souci	les sans-souci	*(Sorglosigkeit)*
le sans-travail	les sans-travail	*(Arbeitsloser)*
le tête-à-tête	les tête-à-tête	*(Zwiegespräch)*
un abat-jour	des abat-jour	*(Lampenschirm)*
un hors d'œuvre	des hors d'œuvre	*(Vorspeise)*

5. Unverändert bleiben Substantive, die **bereits im Singular** sinngemäß **ein Pluralzeichen tragen**.

le casse-noisette**s**	les casse-noisette**s**	*(Nussknacker)*
le porte-avion**s**	les porte-avion**s**	*(Flugzeugträger)*
le porte-bagage**s**	les porte-bagage**s**	*(Gepäckträger)*
le porte-parapluie**s**	les porte-parapluie**s**	*(Schirmständer)*

6. Sind zwei Substantive **durch eine Präposition verbunden**, sei es **mit** oder **ohne Bindestrich**, so wird **nur das erste Substantiv** in den **Plural** gesetzt.

un arc-en-ciel	des arc**s**-en-ciel	(nom + prép. + nom)	*(Regenbogen)*
le chef-d'œuvre	les chef**s**-d'œuvre	(nom + prép. + nom)	*(Meisterwerk)*
une eau-de-vie	des eau**x**-de-vie	(nom + prép. + nom)	*(Schnaps)*
la pomme de terre	les pomme**s** de terre	(nom + prép. + nom)	*(Kartoffel)*
le coup de pied	les coup**s** de pied	(nom + prép. + nom)	*(Fußtritt)*
le coup de poing	les coup**s** de poing	(nom + prép. + nom)	*(Faustschlag)*
la femme de ménage	les femme**s** de ménage	(nom + prép. + nom)	*(Hausfrau)*
le grain de café	les grain**s** de café	(nom + prép. + nom)	*(Kaffeebohne)*
le terrain de camping	les terrain**s** de camping	(nom + prép. + nom)	*(Campingplatz)*
le stylo à bille	les stylo**s** à bille	(nom + prép. + nom)	*(Kugelschreiber)*
le thé au citron	les thé**s** au citron	(nom + prép. + nom)	*(Tee mit Zitrone)*

7. Ohne Bindestrich verbundene Kombinationen:

un appareil photo	des appareil**s** photo	*(Fotoapparat)*
le café crème	les café**s** crème	*(Milchkaffee)*
le bonbon	les bonbon**s**	*(Bonbon)*
le passeport	les passeport**s**	*(Pass)*
le portefeuille	les portefeuille**s**	*(Brieftasche)*
le vaurien	les vaurien**s**	*(Nichtsnutz)*
le bonhomme	les bon**s**homme**s**	*(Mann, Kerl, Knirps)*
le gentilhomme	les gentil**s**homme**s**	*(Edelmann)*
madame	**mes**dames	
mademoiselle	**mes**demoiselle**s**	
monsieur	**mes**sieur**s**	

METS AU PLURIEL

1. la basse-cour ....
2. la belle-mère ....
3. la contre-attaque ....
4. la grand-mère ....
5. la pomme de terre ....
6. la porte-fenêtre ....
7. la sourde-muette ....
8. la station-service ....
9. l'appui-tête ....
10. l'arrière-garde ....
11. le beau-frère ....
12. le bonbon ....
13. le bonhomme ....
14. le brise-glace ....
15. le casse-noisettes ....
16. le casse-tête ....
17. le chasse-neige ....
18. le chef-d'œuvre ....
19. le chef-lieu ....
20. le chien-loup ....
21. le chou-fleur ....
22. le coffre-fort ....
23. le coup de pied ....
24. le coupe-papier ....
25. le couvre-lit ....
26. le couvre-livre ....
27. le dernier-né ....
28. le faire-part ....
29. le garde-boue ....
30. le garde-fou ....
31. le gentilhomme ....
32. le gratte-ciel ....
33. le hache-viande ....
34. le lave-vaisselle ....
35. le passe-partout ....
36. le passeport ....
37. le Peau-Rouge ....
38. le perce-neige ....
39. le porte-avions ....
40. le portefeuille ....
41. le porte-monnaie ....
42. le porte-parapluies ....
43. le réveille-matin ....
44. le sans-souci ....
45. le sourd-muet ....
46. le stylo à bille ....
47. le terrain de camping ....
48. le tête-à-tête ....
49. le thé au citron ....
50. le timbre-poste ....
51. le tire-bouchon ....
52. le vaurien ....
53. le wagon-lit ....
54. madame ....
55. mademoiselle ....
56. monsieur ....
57. un cure-dent ....
58. un abat-jour ....
59. un appareil photo ....
60. un après-midi ....
61. un arc-en-ciel ....
62. un café crème ....
63. un coup de poing ....
64. un couvre-chef ....
65. un grain de café ....
66. un haut-parleur ....
67. un hors-d'œuvre ....
68. un laissez-passer ....
69. un marteau-piqueur ....
70. un on-dit ....
71. un ouï-dire ....
72. un ouvre-boîte ....
73. un porte-bagages ....
74. un porte-plume ....
75. un presse-citron ....
76. un sans-travail ....
77. un wagon-restaurant ....
78. une arrière-cour ....
79. une contre-offre ....
80. une eau-de-vie ....
81. une femme de ménage ....
82. une grand-route ....

MOTS TOUJOURS EMPLOYÉS AU PLURIEL

les adieux (m)	*der Abschied*
les alentours (m)	*die Umgebung*
les annales (f)	*die Annalen, Chronik*
les appas (m)	*der Reiz, Verlockung*
les appointements (m)	*der Gehalt*
les archives (f)	*das Archiv*
les armoiries (f)	*das Wappen*
les broussailles (f)	*das Gebüsch*
les cisailles (f)	*die große Zange*
les confins (m)	*das Grenzgebiet*
les débris (m)	*die Trümmer*
les décombres (m)	*der Schutt*
les dépens (m)	*die Kosten*
les directives (f)	*die Richtlinien*
les entrailles (f)	*das/die Eingeweide*
les environs (m)	*die Umgebung*
les épinards (m)	*der Spinat*
les étrennes (f)	*die Neujahrsgeschenke*
les fiançailles (f)	*die Verlobung*
les frais (m)	*die Kosten*
les fruits (m)	*das Obst*
les funérailles (f)	*das Begräbnis*
les matériaux (m)	*das Material*
les mœurs (f)	*die Sitten*
les obsèques (f)	*die Beerdigung*
les pourparlers (m)	*die Besprechungen, Verhandlungen*
les ténèbres (f)	*die Dunkelheit, Finsternis*
les prévisions météorologiques	*die Wettervorhersage*
les mathémathiques (f) / les maths	*die Mathematik*
les vivres (m)	*die Lebensmittel*

les toilettes (f)	*die Toilette*	
	Achtung: la toilette	*das Waschen, Säubern*
les échecs (m)	*das Schachspiel*	
	Achtung: l'échec	*der Misserfolg*
les ciseaux (m) / une paire de ciseaux	*die / eine Schere*	
	Achtung: le ciseau	*der Meißel*
les lunettes (f) / une paire de lunettes	*die / eine Brille*	

DES PLURIELS PARTICULIERS
Besondere Pluralformen

l'arme (f)	*Waffe*	les armes	*Waffen, Wappen*
le fer	*Eisen*	les fers	*Eisensorten, Fesseln*
le gage	*Pfand*	les gages	*Pfänder, Lohn*
la lettre	*Brief, Buchstabe*	les lettres	*Briefe, Buchstaben, Literatur*
la lunette	*Fernrohr*	les lunettes	*Fernrohre, Brille*
le ciseau	*Meißel*	les ciseaux	*Meißel, Schere*
le café	*Kaffee*	les cafés	*Kaffeesorten*
le vin	*Wein*	les vins	*Weinsorten*
le fromage	*Käse*	les fromages	*Käsesorten*
la neige	*Schnee*	les neiges (éternelles)	*(ewige, ständige) Schneemassen*
la pluie	*Regen*	les pluies	*Regenfälle*
l'amour (**m**)	*die Liebe*	les amours (**f**)	ses premières amours (**f**)
l'aïeul (m)	*Großvater, Ahne*	les **aïeuls**	*Großeltern, Großväter*
		les **aïeux**	*Ahnen*
le ciel	*Himmel*	les **ciels**	*Himmel*
			les ciels de lit *Betthimmel*
		les **cieux**	*Firmament, Paradies*
l'œil (m)	*Auge*	les **yeux**	*Augen*
		les **œils**	

in Zusammensetzungen wie:

œils-de-bœuf	*Rundfenster*
œils-de-chat	*Katzenauge (Mineral)*
œils-de-tigre	*Tigerauge (Mineral)*
œils-de-perdrix	*Hühneraugen*

les gens (m) *die Leute*

Achtung:
vorangestelltes Adjektiv wird **feminin** gebildet, **nachgestelltes, maskulin.**

les vieilles **gens** (f)
toutes les vieilles **gens** (f)
les **gens** intelligents (m)

un autre	*ein anderer/anderes*	**d'**autres	*andere (allgemein)*
de l'autre	*der/die/das andere*	**des** autres	*die anderen (bestimmt)*

Tu as vu ce film? – Non, j'en ai vu **d'**autres.
*Nein, ich habe **andere** gesehen.*
J'ai besoin **de l'**autre cassette. J'ai besoin **des** (de+les) autres.
*Ich brauche **die anderen**.*

VOCABULAIRE

à peine	*kaum*
aboyer	*bellen*
accompagner	*begleiten*
accueillir	*aufnehmen*
accusé (m)	*Angeklagter*
admettre	*annehmen; zugeben*
admirable	*bewundernswert*
adversaire (m)	*Gegner*
affirmer	*behaupten, versichern*
aimablement	*freundlich*
alcool (m)	*Alkohol*
alcoolique (m+f)	*Alkoholiker/in*
ambassade (f)	*Botschaft*
anniversaire (m)	*Geburtstag*
appartenir	*gehören*
applaudir	*applaudieren*
appuyer	*drücken*
arbitre (m)	*Schiedsrichter*
arbre (m)	*Baum*
arrêter	*verhaften*
arrondissement (m)	*Bezirk*
arroser les fleurs (f)	*Blumen gießen*
assiette (f)	*Teller*
attirer	*anziehen, auf sich lenken*
automne (m)	*Herbst*
automobiliste (m,f)	*Autofahrer/-in*
autour de soi	*um sich (herum)*
autrefois	*früher*
avarié	*verdorben*
avion (m)	*Flugzeug*
avis (m)	*Meinung*
bac (m)	*Matura*
bagages (m,Pl)	*Gepäck*
balai (m)	*Besen*
banlieue (f)	*Vorort*
bavarder	*plaudern*
beauté (f)	*Schönheit*
blessé	*verletzt*
boîte (f) aux lettres	*Briefkasten*
bol (m)	*Trinkschale*
bonheur (m)	*Glück*
bouche (f)	*Mund*
bouton (m)	*Knopf*
bras (m)	*Arm*
bronzé	*braungebrannt*
brouillard (m)	*Nebel*
buissons (m,Pl)	*Gebüsch*
cabinet (m)	*Kabinett*
cacher	*verstecken*
calme	*ruhig*
cambrioleur (m)	*Einbrecher*
candidat (m)	*Prüfling*
capot (m)	*Kühlerhaube*
capricieux	*launisch*
casque (m)	*Kopfhörer*
casser	*brechen*
cesser	*aufhören*
chaleur (f)	*Hitze*
chaleureusement	*herzlich*
chaussure (f)	*Schuh*
chemin (m)	*Weg*
choqué	*schockiert*
citer	*zitieren*
clocher (m)	*Kirchturm*
coiffer (se)	*(sich) frisieren*
colère (f)	*Wut*
collage (m)	*Collage*
compréhensible	*verständlich*
compter	*zählen*
condition (f)	*Bedingung, Umstand*
conductrice (f)	*Fahrerin*
conduite (f)	*Betragen, Benehmen*
confiance (f)	*Vertrauen*
confier	*gestehen*
connu	*bekannt*
content	*zufrieden*
contredire qn.	*jem. widersprechen*
convenable	*passend*
coquillage (m)	*Muschel*
cordialement	*herzlich*
coucher qn.	*ins Bett bringen*
cours de niveau supérieur	*Fortgeschrittenenkurs*
course (f)	*Rennen*
couteau (m)	*Messer*
craindre	*befürchten*
crème (f) chantilly	*Schlagobers*
Croix-Rouge (f)	*Rotes Kreuz*
curiosité (f)	*Neugierde*
cyclone (m)	*Wirbelsturm*
de toute façon	*auf alle Fälle*
début (m)	*Beginn*
déchirer	*zerreißen*
découper	*ausschneiden*
dedans	*innen*
dégager	*räumen*
démolir	*zerstören*
dent (f)	*Zahn*
départ (m)	*Abreise*
dépenser	*ausgeben*
déposer	*abgeben*
déprimé	*deprimiert*
député (m)	*Abgeordneter*
déranger	*stören*
détail (m)	*Detail*
détruire	*zerstören*
deuil (m)	*Trauer*
diapositive (f)	*Dia*
dos (m)	*Rücken*

douter	*bezweifeln*
échapper	*entwischen*
échelle (f)	*Leiter*
écraser	*überfahren*
écrivain (m)	*Schriftsteller*
église (f)	*Kirche*
égoïste	*egoistisch*
embrasser	*umarmen*
émission (f)	*Sendung*
empêcher	*verhindern*
emploi (m)	*Anstellung*
en retard	*zu spät*
endommagé	*beschädigt*
énerver	*aufregen*
enfance (f)	*Kindheit*
enflé	*geschwollen*
ensoleillé	*sonnig*
entendre	*hören*
entretenir sa forme	*sich fit halten*
envieux	*neidisch*
escalade (f)	*Klettern*
escargot (m)	*Schnecke*
espérer	*hoffen*
estimer	*schätzen*
estomac (m)	*Magen*
étang (m)	*Teich*
éviter qn.	*jem. aus dem Weg gehen*
exercer	*ausüben*
facteur (m)	*Briefträger*
facture (f)	*Rechnung*
faire signe (f)	*winken*
fasciné	*fasziniert*
fêlé	*gesprungen*
fidèle	*treu*
fille (f) au pair	*Aupairmädchen*
foi (f)	*Glaube*
force (f)	*Kraft, Stärke*
forgeron (m)	*Schmied*
fortune (f)	*Glück*
freiner	*bremsen*
frénétiquement	*tosend*
gagner	*gewinnen*
gaspiller	*verschwenden*
genou (m)	*Knie*
glace (f)	*Spiegel*
goût (m)	*Geschmack*
grenier (m)	*Dachboden*
grossir	*dick werden*
guérir	*genesen*
habitude (f)	*Gewohnheit*
*haïr	*hassen*
haleter	*schnaufen*
handicapé	*behindert*
héritage (m)	*Erbe*
hésiter	*zögern*
hiver (m)	*Winter*
horizon (m)	*Horizont*
humour (m)	*Humor*
image (f)	*Bild*
impératif (m)	*Befehlsform*
impressionniste (m)	*Impressionist*
imprimé	*gedruckt*
indication (f)	*Anhaltspunkt*
indispensable	*unerlässlich*
injuste	*ungerecht*
innocence (f)	*Unschuld*
inondation (f)	*Überschwemmung*
inquiéter	*beunruhigen*
instant (m)	*Augenblick*
intense	*stark, intensiv*
intention (f)	*Absicht*
jambe (f)	*Bein*
laboratoire (f)	*Labor*
larme (f)	*Träne*
légumes (m,Pl)	*Gemüse*
lettre (f) de candidature	*Bewerbungsschreiben*
lèvre (f)	*Lippe*
loisir (m)	*Freizeit*
lutter	*kämpfen*
lycéen (m)	*Gymnasiast*
magazine (m)	*Magazin*
manifestation (f)	*Veranstaltung*
marche (f)	*Stufe*
marée (f) montante	*Flut*
mari (m)	*Ehemann*
matière (f)	*Material*
mécontent	*unzufrieden*
méfiance (f)	*Misstrauen*
mentir	*lügen*
mériter	*verdienen*
métier (m)	*Beruf*
mince	*schlank*
misère (f)	*Elend*
modeste	*bescheiden*
mois (m)	*Monat*
monde (m)	*Leute*
monstrueux	*riesig, ungeheuerlich*
morceau (m)	*Stück*
mouchoir (m)	*Taschentuch*
Moyen Âge (m)	*Mittelalter*
nettoyer	*reinigen*
nid (m)	*Nest*
nouvelle (f)	*Neuigkeit*
obéir	*gehorchen*
obtenir	*erhalten*
occasion (f)	*Gelegenheit*
œillet (m)	*Nelke*
offre (f)	*Angebot*
offrir le bras	*den Arm reichen*
oiseau (m)	*Vogel*
ombre (f)	*Schatten*
oppressé	*eingeengt*
option de mathématiques	*Mathematik-Zweig*
orage (m)	*Gewitter*
os (m)	*Knochen*
ours (m) en peluche (f)	*Plüschbär, Teddy*
ouverture (f)	*Öffnung*
panne (f)	*Panne*
paquet (m)	*Paket*
paraître	*scheinen*
parfum (m)	*Duft*
paysan (m)	*Bauer*
peindre	*(an)malen*
peinture (f)	*Gemälde*
permis (m) de conduire	*Führerschein*
persuader	*überreden*
peur (f)	*Angst*
pièce (f)	*Stück*
pied (m)	*Fuß*
plage (f)	*Strand*
plaisanterie (f)	*Scherz*
planche (f) à voile	*Windsurfen*
plat (m)	*Speise, Gerichte*
pluvieux	*regnerisch*

poème (m)	*Gedicht*
poisson (m)	*Fisch*
portemanteau (m)	*Mantelständer*
posséder	*besitzen*
possibilité (f)	*Möglichkeit*
poste (m)	*Posten, Stelle*
pourvu que	*vorausgesetzt dass*
pousser	*schieben, stoßen*
préféré(e)s	*Liebkinder*
présenter	*vorstellen*
prêt à	*bereit zu*
prétendre	*behaupten, vorgeben*
preuve (f)	*Beweis*
prévu	*geplant*
printemps (m)	*Frühling*
probable	*wahrscheinlich*
prochain (m)	*Nächster*
progrès (m,Pl)	*Fortschritt(e)*
promesse (f)	*Versprechen*
proverbe (m)	*Sprichwort*
puiser	*schöpfen*
quai (m)	*Kai, Uferstraße*
quitter	*verlassen*
randonnée (f) en montagne	*Bergwanderung*
ranger	*aufräumen*
rapporter	*berichten*
rare	*selten*
rat (m)	*Ratte, Feldmaus*
recommander	*empfehlen*
récompense (f)	*Belohnung, Auszeichnung*
reconstruire	*wieder aufbauen*
rédiger	*verfassen*
réfléchi	*überlegt*
réfrigérateur (m)	*Kühlschrank*
refuser	*ablehnen*
regretter	*bedauern*
rejeter	*ablehnen*
relater	*berichten (über)*
rendre	*zurückbringen*
renseignement (m)	*Auskunft*
repas (m)	*Essen*
repasser	*bügeln*
reposant	*erholsam*
repousser	*verschieben*
requête (f)	*Ansuchen*
RER	*Schnellbahn Paris u.Umgeb.*
résumé (m)	*Zusammenfassung*
retenir	*sich merken*
risquer	*riskieren*
roman (m)	*Roman*
s'abaisser	*sich senken*
sable (m)	*Sand*
s'adresser à	*sich wenden an*
sage	*brav*
sain et sauf	*wohlbehalten*
sale	*schmutzig*
salle de séjour	*Wohnzimmer*
saluer	*grüßen*
santé (f)	*Gesundheit*
s'approcher	*sich nähern*
scientifique (m+f)	*Wissenschafter/in*
se confier à	*sich anvertrauen*
se découper	*sich abheben*
se fier à	*sich anvertrauen*
se gâter	*schlecht werden*
se joindre à	*sich anschließen*
se plaindre	*sich beklagen*

se rappeler	*sich erinnern*
se servir de	*sich bedienen, nehmen*
se taire (le vent)	*der Wind legt sich*
se taire	*schweigen*
se tromper	*sich betrügen/ s.täuschen*
secret (m)	*Geheimnis*
séjour (m) reposant	*Erholungsaufenthalt*
séjourner	*sich aufhalten*
s'en aller	*weggehen*
serviable	*hilfsbereit*
sévère	*streng*
s'excuser	*sich entschuldigen*
silence (m)	*Ruhe*
simple	*einfach*
sincèrement	*ernsthaft, ehrlich*
s'inscrire	*sich einschreiben*
situation (f)	*Posten; Situation*
skieur (m)	*Schifahrer*
soleil (m)	*Sonne*
sondage (m)	*Umfrage*
Sorbonne (f)	*Universität von Paris*
souffler	*wehen*
soupière (f)	*Suppentopf*
source (f)	*Quelle*
sourire (m)	*Lächeln*
souris (f)	*Maus*
suivre	*folgen*
supporter	*ertragen*
supposer	*annehmen*
surprendre	*überraschen, ertappen*
surprise (f)	*Überraschung*
taper	*tippen*
télégramme (m)	*Telegramm*
ticket (m)	*Eintrittskarte*
tirer	*ziehen*
transporter	*transportieren*
tricotage (m)	*Stricken*
tricoter	*stricken*
Tuileries (f,Pl)	*Park in Paris*
tulipe (f)	*Tulpe*
valise (f)	*Koffer*
valoir la peine	*sich auszahlen*
vantard	*angeberisch*
vase (m)	*Vase*
vent (m)	*Wind*
ver (m)	*Wurm*
vin (m) mousseux	*Sekt*
vitesse (f)	*Geschwindigkeit*
vitrine (f)	*Schaufenster*
voler	*stehlen; fliegen*
voter une loi	*ein Gesetz verabschieden*
voyage (m) de noces	*Hochzeitsreise*
voyage (m)	*Reise*

CLÉ

page 3

1. **accueillaient** (accueillir, *imparfait*)
2. **se hait** (se haïr, *présent*)
3. **te plains** (se plaindre, *présent*)
4. **Taisez-vous** (se taire, *impératif*)
5. **avons perçu** (percevoir, *passé composé*)
6. **vaut** (valoir, *présent*)
7. **Essuie** (essuyer, *impératif*)
8. **étions accueilli(e)s** (accueillir, *passif, imparfait*), ☺ **III**, *la voix passive* p 79
9. **est haïe** (haïr, *passif, présent*)
10. **plains** (plaindre qn., *présent*)
11. **s'est tue**. (se taire, *passé composé*)
12. **s'aperçoit** (apercevoir, *présent*)
13. **essuyez** (essuyer, *impératif*)
14. **valent** (valoir, *présent*)
15. **interromps / interrompez** pas toujours. (interrompre, *impératif*)
16. **te taisais** (se taire, *imparfait*)
17. **vous êtes plaint(e)/(s)/(es)** (se plaindre, *passé composé*)
18. **s'essuyait** (essuyer, *imparfait*)
19. **aperçoit** (apercevoir, *présent*)
20. **vaut** (valoir, *présentl*)
21. **m'essuierais** (essuyer, *conditionnel*)
22. **s'aperçoit** (s'apercevoir, *présent*)
23. **a mal accueilli** (accueillir, *passé composé*)
24. **se haïssent** (haïr, *présent*)
25. **a rompu** (rompre, *passé composé*)
26. **me plaindrais** (se plaindre, *conditionnel*)
27. **valait** (valoir, *imparfait*)
28. **a essuyé** (essuyer, *passé composé*)
29. **me tairais** (se taire, *conditionnel*)
30. **apercevait** (apercevoir, *imparfait*)
31. **vaut** (valoir, *présent*)
32. **nous tutoyons** (se tutoyer, *présent*)
33. **vaut** (valoir, *présent*)
34. **a appuyé** (appuyer, *passé composé*)
35. **a accueilli** (accueillir, *passé composé*)
36. **haïssait** (haïr, *imparfait*)

page 7

1. Tenant
2. Prenant
3. ayant
4. souriante
5. travaillant
6. Étant
7. sachant
8. amusant
9. poussant
10. concernant
11. examinant
12. ayant
13. montant
14. Ayant
15. décrivant
16. tenant
17. Ne voulant pas
18. habitant
19. étant
20. Ne comprenant pas
21. Séjournant
22. M'intéressant
23. étant
24. étant
25. jouant
26. aimant
27. N'ayant pas

pages 8/9

Anmerkung:
Le pronom sujet (Subjektspronomen) wird im Hauptsatz meist **wiederholt**, wenn ein **Kausalsatz** (comme, puisque) durch das participe présent ersetzt wird (z.B.Sätze 23, 26, 31 etc).
Es wird **nicht wiederholt**, wenn das participe présent einen **Relativsatz** (qui) ersetzt (z.B.Sätze 31, 33 etc.)

1. Une élève **habitant** en Autriche cherche une place comme fille au pair.
2. **Ayant toujours fait** ses devoirs, il a réussi à tous ses examens.
3. **Étant** malade, Pauline ne pouvait pas aller en France.
4. Le groupe **jouant** ce soir-là, était notre groupe préféré.
5. Maman **étant revenue** du bureau, était très fatiguée.
6. L'affaire des touristes disparus **intéressant** tout le monde, était relatée dans tous les journaux.
7. **Les élèves n'ayant pas compris** la règle, le professeur la leur a expliquée encore une fois.
8. **Ne s'intéressant pas du tout** au foot, madame Machat n'était jamais allée au stade.
9. Les jeunes filles **préparant** une manifestation organisée au profit des personnes handicapées cherchent ....
10. Famille **aimant** la mer et le sable cherche une maison à Sète.
11. Élève autrichienne **apprenant** le français cherche une correspondante en Belgique.
12. L'hôtel Bellevue **cherchant** un chef de cuisine, est très connu.
13. Hermann Hesse **étant** son écrivain préféré, elle a lu tous ses livres.
14. Lycéenne cherche une fille française **donnant** des cours de conversation.
15. Une jeune mère célibataire cherche un groupe de femmes **se rencontrant** une fois par mois.
16. Famille avec deux enfants cherche une jeune fille **voulant** partir en Italie avec elle.
17. Jeune professeur **ayant passé** une année en France cherche un appartement à Vienne.
18. Les Legrand l'**ayant** invité, il est allé les voir avec plaisir.
19. **Vivant** seule à la maison, **Sylvie** a peur.
20. Elle est en train d'écouter une émission **l'intéressant** beaucoup.
21. Elle n'a pas pu participer au cours, **sa voiture étant en panne**.
22. **Ayant** beaucoup de travail au bureau, maman est rentrée tard dans la nuit.
23. Thomas **faisant** beaucoup de planche à voile**,** il est très bronzé.
24. **Se mariant**, **Pierre et Pauline** prendront trois jours de congés.
25. **Adorant** les films de Spielberg, elle va souvent au cinéma.
26. **François aimant** beaucoup la nature**,** il cherche une petite maison à la montagne. /
    Aimant beaucoup la nature**, François** cherche une petite maison à la montagne.
27. **La conférence se terminant** à six heures du soir, nous ne rentrerons pas avant huit heures.
28. **Voulant travailler** comme fille au pair, elle doit écrire des lettres de candidature.
29. Madame Ledoux, **s'intéressant** beaucoup au tricotage, veut suivre un cours de niveau supérieur. /
    S'intéressant beaucoup au tricotage, madame Ledoux veut suivre un cours de niveau supérieur.
30. La neige **tombant** depuis une semaine, fait plaisir aux skieurs.
31. **Apprenant** une deuxième langue, monsieur Bijou obtiendra un poste plus intéressant. /
    Monsieur Bijou **apprenant** une deuxième langue, il obtiendra un poste plus intéressant.
32. La région du Salzkammergut, **attirant** beaucoup de touristes, offre de beaux séjours reposants.
33. La maison **appartenant** aux Bibaut, se trouve près de la mer.
34. **Son père s'occupant** de ses enfants, Nadine peut aller voir ses amis en France.
35. **Monsieur Bonaure, devant** travailler la semaine prochaine, ne peut malheureusement pas nous accompagner à Paris. / **Devant** travailler la semaine prochaine, **monsieur Bonaure** ne peut malheureusement pas nous ....
36. **Connaissant** sa curiosité, nous n'avons rien remarqué de cette affaire.
37. Il a regardé un film à la télé **rapportant** la vie de Maurice Ravel.
38. Maman **t'emmenant** à la gare, tu ne manqueras pas le train.
39. Jeune fille **travaillant** à Nancy cherche un petit appartement.
40. Maman, **revenant** du marché, était fatiguée.
41. **Voyant** le danger, il a freiné.
42. **Étant descendue** du métro, elle a téléphoné à sa sœur.
43. **Partant** avant six heures, vous ne devez plus attendre.
44. **Connaissant** bien sa réponse, nous ne lui demandons pas son avis.
45. On entendait des groupes **jouant** en face de la tour Eiffel.
46. Nous avons regardé des grosses dames **mangeant** des gâteaux avec beaucoup de crème chantilly.
47. **Mangeant** tous ces chocolats, tu vas grossir.
48. **Ne voulant pas dire** la vérité, il a essayé d'échapper aux gendarmes.
49. **Ayant réservé** une place dans l'avion, il a cherché un hôtel dans Paris.
50. Tout à coup on a vu un garçon **traversant** la rue en courant.
51. Les vents, la pluie et les brouillards **annonçant** le début de l'automne devenaient plus intenses.
52. **Sachant** qu'il n'avait pas d'argent, on lui a payé son repas.
53. **Ayant** toujours **fait** ses devoirs, Marie a de bonnes notes en français.
54. On voyait des gens **se promenant** au bord de la mer.
55. **Sachant** que sa mère ne rentrerait pas avant six heures, il est allé ....

page 10

1. Les **étudiants** (3/substantif)
2. les verbes **suivants** (2/adjectif verbal)
3. une chambre **donnant** sur la mer. (1/participe als Verb verwendet)
4. une robe à col **montant**. (2/adjectif verbal)
5. une histoire bien **amusante**. (2/adjectif verbal)
6. Le chien **suivant** son maître (1/participe als Verb verwendet)
7. Les gens **habitant** en banlieue (1/participe als Verb verwendet)
8. L'histoire **amusant** tout le monde (1/participe als Verb verwendet)
9. l'eau **courante**. (2/adjectif verbal)
10. sa chaise **roulante**. (2/adjectif verbal)
11. Les mots **convaincant** tous les auditeurs (1/participe als Verb verwendet)
12. une lotion **nettoyante** (2/adjectif verbal)
13. une expression très **courante**. (2/adjectif verbal)
14. les filles **assistant** à l'organisation. (1/participe als Verb verwendet)
15. les filles **se promenant** sur le quai. (1/participe als Verb verwendet)
16. beaucoup de **passants** (3/substantif)
17. les poissons **nageant** dans l'étang. (1/participe als Verb verwendet)
18. des mesures **concernant** la pollution. (1/participe als Verb verwendet)
19. **Sachant** (1/participe als Verb verwendet)
20. était très **fatigante**. (2adjectif verbal)
21. amis **influents**. (2/adjectif verbal)
22. Ne **pouvant** plus marcher (1/participe als Verb verwendet)
23. les adresses des **correspondants** français. (3/substantif)
24. une rue très **bruyante**. (2/adjectif verbal)
25. les élèves **sortant** du lycée (1/participe als Verb verwendet)
26. **sachant** qu'il était déjà très tard. (1/participe als Verb verwendet)
27. une situation **inquiétant** tout le monde. (1/participe als Verb verwendet)
28. les couleurs **vivantes**. (2/adjectif verbal)
29. une lettre **amusante**. (2/adjectif verbal)
30. **Partant** tôt, elles arrivent à l'heure. (1/participe als Verb verwendet)
31. Les trains **venant** du sud (1/participe als Verb verwendet)
32. une carte de Paris **représentant** la tour Eiffel. (1/participe als Verb verwendet)
33. **ayant** commis (1/participe als Verb verwendet)
34. **Connaissant** bien Paris (1/participe als Verb verwendet)
35. des pull-overs à col **montant**. (2/adjectif verbal)
36. Un train **roulant** (1/participe als Verb verwendet)
37. Sa voiture **étant** (1/participe als Verb verwendet)

page 14

Es gibt manchmal mehrere Lösungsansätze. Hier einige Vorschläge:

1. Il courait **en** faisant des plaisanteries. *gérondif* (= **pendant qu**'il faisait) p11/1
2. **En** marchant très vite, nous pourrons aller chercher papa à la gare.
   gérondif (= Si **nous** marchons ... , **nous** ...) (**Subjektsgleichheit**) p11/2
3. Ayant peur, elle a demandé à Pierre de l'accompagner. (= **Comme** elle avait peur ...) p4/1
4. Il fait de l'escalade, tout **en** sachant que c'est dangereux.
   gérondif (= **obwohl** er weiß ... / **Subjektsgleichheit**) p12/6
5. Ayant reçu un os, le chien est vite parti.
   (= **nachdem** er bekommen hatte ... / **keine Gleichzeitigkeit**, daher gérondif unmöglich)
6. J'ai vu ta mère **en** allant au marché. *gérondif* (= **quand je** suis allé au marché)
   (als **ich** zum Markt ging / **Subjektsgleichheit**) p11/2. / J'ai vu ta mère allant au marché.
   (**ta mère** qui allait au marché / **verschiedene** Subjekte) p4/1
7. Se sentant fatigué, il est allé se coucher. (= **Comme** il se sentait ...) p4/1
8. Elle est entrée **en** souriant. *gérondif* (= **indem** sie lächelte) p12/3. / **pendant qu**'elle souriait p11/1
9. Le cyclone ayant cessé, les habitants ont pu retourner dans leurs maisons.
   (= **Comme** le cyclone avait cessé ... / **verschiedene** Subjekte, nicht gleichzeitig) p4/1
10. Papa ne chante jamais **en** travaillant. *gérondif* (= **quand** il travaille / **pendant qu**'il travaille.) p11/1
11. Tu vas améliorer tes connaissances en français **en** allant en France pour un an.
    gérondif (... **si** tu vas ... / **Subjektsgleichheit**) p11/2
12. Sa mère étant malade, Sylvie n'a pas pu aller en France.
    (= **Comme** sa mère était malade, Sylvie ... / **verschiedene** Subjekte) p4/1
13. Étant malade, Nicole n'a pas pu nous rendre visite. (= **parce qu**'elle était malade, elle**)** p4/1

14. Elle a ouvert de grands yeux **en** voyant ma Porsche.
gérondif (= **quand** elle a vu / **Subjektsgleichheit**) p11/2
15. J'aimerais bien te revoir, mais **en** attendant écris-moi une lettre, s'il te plaît.
gérondif (= **inzwischen, fürs erste**) p 13/D
16. La police a arrêté un camion roulant trop vite. (= **qui** roulait) p4/1
17. N'ayant jamais été à Londres, elle n'a pas encore visité le cabinet de Madame Tussaud. (**Kausalsatz**) p4/1
18. Le prof l'examinait **en** lui donnant beaucoup d'indications.
gérondif (= **indem** er ihm viele Anhaltspunkte gab. / **Subjektsgleichheit**) p12/3
19. Elle est partie **en** pleurant. *gérondif* (**Subjektsgleichheit, Gleichzeitigkeit**) p11/1
20. **En** travaillant, elle pense aux vacances.
gérondif (= **pendant qu'elle** travaille, **elle** pense ... / **Subjektsgleichheit, Gleichzeitigkeit**) p11/1
21. Il a mis son casque, ne voulant pas inquiéter ses parents. (**Kausalsatz**) p4/1
22. Elle regarde une documentation racontant la vie des clochards. (= **qui** raconte / **verschiedene** Subjekte) p4/1
23. **En** regardant la télé, tu ne peux pas faire tes devoirs.
gérondif (= **pendant que tu** regardes la télé, **tu** ... **Subjektsgleichheit, Gleichzeitigkeit**) p11/1
24. Madame Legrand cherche une secrétaire sachant le français et l'espagnol. (= **qui** sait) p4/1
25. Elle gagne beaucoup d'argent **en** travaillant jour et nuit.
gérondif (= **indem** sie Tag und Nacht arbeitet. / **Subjektsgleichheit**) p12/3
26. **En** choisissant la robe bleue, tu seras toujours bien habillée.
gérondif (= **Si** tu choisis ... / **Subjektsgleichheit**) p11/2
27. Ne parle pas **en** mangeant! (= **pendant que** tu manges / **Subjektsgleichheit**) p11/1
28. Il nous parlait de ses vacances **en** nous montrant ses photos.
gérondif (= **pendant qu'**il nous montrait / **Subjektsgleichheit**) p11/1
29. Nous nous informons **en** regardant dans le dictionnaire.
gérondif (= **indem** wir im Lexikon nachsehen. / **Subjektsgleichheit**) p12/3
30. **En** passant par la poste, tu pourrais m'acheter des timbres.
gérondif (= **Si tu** passes par la poste, **tu** pourrais ... / **Subjektsgleichheit**) p11/2
31. Elle souriait <u>tout</u> **en** étant très triste. *gérondif* (= **obwohl** sie sehr traurig war. / **Subjektsgleichheit**) p12/6
32. Pilou s'est cassé la jambe et le bras **en** tombant de l'échelle.
gérondif (= **indem** er die Leiter hinunterfiel. / **Subjektsgleichheit**) p12/3
33. Nous avons rencontré madame Berlioz **en** descendant du bus. *gérondif* (= **quand** nous sommes descendus) p11/2. / Nous avons rencontré madame Berlioz descendant du bus. (= **qui est descendue** du bus.) p 4/1
34. **En** passant devant notre jardin, il nous a salués.
gérondif (= **Quand / Lorsqu'**il est passé ... il / **Subjektsgleichheit**) p11/2
35. <u>Tout</u> **en** étant très belle, elle ne trouve pas de mari. *gérondif* (= **Obwohl** sie sehr schön ist ...) p12/6
36. Papa s'est coupé **en** se rasant ce matin. *gérondif* (= **pendant qu'**il se rasait) p11/1

pages 15/16

1. Il était très triste, **Monique refusant** son aide. (p 4/ règle 1, *participe présent*)
2. **En travaillant** sérieusement, tu vas réussir à ton examen. (p11/ règle 2, *gérondif*)
3. **En allant tout droit**, tu vas trouver la boutique dont je t'ai parlé. (p11/ règle 2, *gérondif*)
4. **En arrivant** à Venise en bateau, on aperçoit la belle place saint Marc. (p11/2, *gérondif*)
5. **Voyant** sa voiture endommagée, il s'est mis en colère. (p 4/ règle 1, *participe présent*) / **En voyant** (Gleichzeitigkeit, p11/1, *gérondif*)
6. Grand-mère chantait **en tricotant**. (p11/1, *gérondif*)
7. J'ai trouvé mes premières chaussures **en ran<u>ge</u>ant** notre grenier. (p11/1, *gérondif*)
8. Paul s'est cassé la jambe **en jouant** au tennis. (p11/1, *gérondif*)
9. **En prenant** le RER, vous serez plus rapide. (p11/2, p12/3, *gérondif*)
10. **Les enfants étant** fatigués, maman les a mis au lit. (p 4/ règle 1, *participe présent*)
11. **Pierre étant** en retard, nous ne pourrons pas prendre le bus à huit heures. (2 verschiedene Subjekte) (p 4/ règle 1, *participe présent*)
12. **En sortant**, elle a fait signe à un taxi. (p11/1, *gérondif*)
13. Un chef de cuisine **ayant** beaucoup d'expérience ... (p 4/ règle 1, *participe présent*)
14. **Buvant** trop, elle risque de devenir alcoolique. (p 4/ règle 1, *participe présent*)
15. Maman lisait le journal **en prenant** un petit café noir. (p11/1, *gérondif*)
16. **Ayant peur**, elle a demandé à François de l'accompagner. (p 4/ règle 1, *participe présent*)
17. **En prenant** le train à sept heures, on ne devra pas changer. (p11/2, p12/3, *gérondif*)
18. **Ayant pris** son apéritif, il s'est mis à manger. (p 4/ règle 1, *participe présent*)
19. Nadine écrit une carte postale **en écoutant** la radio. (p11/1, *gérondif*)
20. On peut réussir dans la vie **en travaillant** sérieusement. (p11/2, p12/3, *gérondif*)
21. On peut passer un week-end agréable **en allant** à la montagne. (p11/2, p12/3, *gérondif*)
22. Vous pouvez fermer la porte **en appuyant** sur le bouton. (p11/2, p12/3, *gérondif*)
23. Elle bavarde avec son amie **en repassant** le linge. (p11/1, *gérondif*)

24. Une jeune femme **ayant fait** des études de français ... . (p 4/ règle 1, *participe présent*)
25. **Son vélo étant en panne**, il ne pouvait pas participer à la course. (p 4/ règle 1, *participe présent*)
26. Une jeune fille **aimant** bien les enfants cherche ... (p 4/ règle 1, *participe présent*)
27. **Fernand n'ayant pas beaucoup de temps**, sa mère l'aide ... (p 4/ règle 1, *participe présent*)
28. On peut rester en pleine forme **en s'entraînant** trois fois par semaine. (p11/2, p12/3, *gérondif*)
29. **En prenant** le métro, tu ne manqueras pas l'avion. (p11/2, p12/3, *gérondif*)
30. **En attendant** dans la salle d'attente, il lisait un journal. (p11/1, *gérondif*)
31. **N'ayant pas trouvé** d'hôtel, on a dormi dans la voiture. (p 4/ règle 1, *participe présent*)
32. Je t'ai téléphoné **pensant** que tu pourrais m'aider. (p 4/ règle 1, *participe présent*)
33. **Sachant** que ce cadeau ferait plaisir à Charles, je le lui ai acheté. (p 4/ règle 1, *participe présent*)
34. **En prenant** un bain, elle écoutait sa musique préférée. (p11/1, *gérondif*)
35. **En sortant** les valises du grenier, il a remarqué un nid d'oiseau. (p11/2, *gérondif*)
36. **Ayant oublié** les règles, il n'a pas réussi à l'examen. (p 4/ règle 1, *participe présent*)
37. **Ayant mangé** un poisson avarié, elle est tombée malade. (p 4/ règle 1, *participe présent*)
38. **Aiment** bien le calme du lac, il y passe ses week-ends. (p 4/ règle 1, *participe présent*)
39. **Ayant peur** de monter en avion, elle prend le train. (p 4/ règle 1, *participe présent*)
40. **En regardant** les annonces, elle trouvera un appartement convenable. (p11/2, p12/3, *gérondif*)
41. **En écrivant** d'abord le vocabulaire, tu pourras l'apprendre facilement.
42. **En arrivant** à la maison, **papa** a constaté qu'il avait perdu les clés. (p11/1, *gérondif*)
43. **En réfléchissant** un peu, tu vas trouver une bonne solution. (p11/2, p12/3, *gérondif*)
44. **Ayant perdu** son passeport, il a dû aller à l'ambassade. (p 4/ règle 1, *participe présent*)
45. **Pierre ne sachant pas** apprendre des langues étrangères, il a pris l'option mathématiques. / **Ne sachant pas** apprendre des langues étrangères, **Pierre** a pris ... . (p 4/ règle 1, *participe présent*)
46. **Étant arrivé** en retard, Thomas n'aura plus de crème au caramel. (p 4/ règle 1, *participe présent*)
47. **Le film ne se terminant pas** avant 23 heures, nous ne pourrons plus prendre le bus. (p 4/ règle 1, *participe présent*)
48. Il cherche un emploi **l'intéressant** plus. (p 4/ règle 1, *participe présent*)
49. Vous resterez de bons amis **en discutant** de vos problèmes. (p11/2, p12/3, *gérondif*)
50. Est-ce que quelqu'un a vu les deux garçons **ayant cassé** la fenêtre? (p 4/ règle 1, *participe présent*)
51. **Étant** un musicien extraordinaire, il a gagné beaucoup de prix. (p 4/ règle 1, *participe présent*)
52. **En regardant** ta grand-mère, tu peux apprendre à tricoter. (p11/2, p12/3, *gérondif*)
53. **Connaissant** bien ses intentions, je l'évite. (p 4/ règle 1, *participe présent*)
54. Tu peux très bien aider Fernand **en l'écoutant**. (p11/2, p12/3, *gérondif*)
55. Pierre ne me regarde jamais dans les yeux **en me parlant**. (p11/1, *gérondif*)
56. **Ne parlant pas** français, il ne trouve pas son chemin. (p 4/ règle 1, *participe présent*)
57. **Voulant** se reposer, elle va au parc. (p 4/ règle 1, *participe présent*)
58. **Pierre étant très jaloux**, Monique se sent oppressée. (p 4/ règle 1, *participe présent*)
59. **Faisant** beaucoup de sport, elle entretient sa forme. (p 4/ règle 1, *participe présent*)
60. Tu ne dois pas parler **en mangeant**. (p11/1, *gérondif*)
61. La neige **tombant** depuis une semaine est ... . (p 4/ règle 1, *participe présent*)
62. Elle lui a raconté son histoire **en pleurant**. (p11/1, *gérondif*)
63. Le chat **appartenant** à ma voisine, s'appelle Michou. (p 4/ règle 1, *participe présent*)
64. Les garçons sont entrés **en bavardant**. (p11/1, *gérondif*)
65. **En buvant** plus d'eau, tu guérirais plus vite. (p11/2, p12/3, *gérondif*)
66. Le musée d'Orsay **présentant** les impressionnistes, ... (p 4/ règle 1, *participe présent*)
67. **Maman devant travailler** le week-end, nous ne pourrons pas aller à Vienne. (p 4/ règle 1, *participe présent*)
68. **En s'habillant** d'une façon plus chic, elle semblerait être plus jeune. (p11/2, p12/3, *gérondif*)
69. Elle se coiffe **en regardant** dans la rue. (p11/1, *gérondif*)
70. **Tout en sachant** qu'elle était triste, il ne l'a pas aidée. (p12/6, **obwohl**, *gérondif*)
71. **Ayant passé** de bonnes vacances, elle était heureuse. (p4/1, *participe présent*)

page 17

1. L'os **est** <u>mangé</u> par le chien. (**présent**: *wird gefressen*)
2. La chambre **était** <u>rangée</u> par Pierre. (**imparfait**: *wurde aufgeräumt*)
3. La souris **a été** <u>mangée</u> par le chat. (**passé composé**: *ist gefressen worden*)
4. La robe **avait été** <u>achetée</u> par Marie. (**plus-que-parfait**: *war gekauft worden*)
5. Le fromage **sera** <u>mangé</u> par le rat. (**futur**: *wird gefressen werden*)
6. Le café **aura été** <u>pris</u> par papa. (**futur II**: *wird getrunken worden sein*)
7. Les élèves **seraient** <u>loués</u> par le prof. (**conditionnel I**: *würden gelobt*)
8. La lettre **aurait été** <u>tapée</u> par la secrétaire. (**conditionnel II**: *wäre getippt worden*)
9. La porte **doit être** <u>fermée</u> par la concierge. (**verbe de modalité devoir + infinitif être**: *muss geschlossen werden*)
10. La loi **peut être** <u>votée</u> par le ministre. (**verbe de modalité pouvoir + infinitif être**: *kann verabschiedet werden*)
11. Le député **pourrait être** <u>interrogé</u> par le journaliste. (**verbe de modalité pouvoir + infinitif être**: *könnte befragt werden*)

12. Les clés **vont être** trouvées par maman.
    (**futur proche/composé**: im Deutschen Futur: *werden gefunden werden*)
13. La facture **doit être** bientôt payée. (**verbe de modalité devoir + infinitif être**: *muss bezahlt werden*)
14. Les Dufour **ont été** invités par les Morel. (**passé composé**: *sind eingeladen worden*)
15. Un chat **avait été** écrasé par un camion. (**plus-que-parfait**: *war überfahren worden*)
16. La fenêtre **est** fermée par Paul. (**présent**: *wird geschlossen*)
17. Pauline **aurait été** invitée par les Cluzet. (**conditionnel II**: *wäre eingeladen worden*)
18. Le ver **sera** mangé par l'oiseau. (**futur**: *wird gefressen werden*)
19. Le candidat **a été** interrogé par la prof. (**passé composé**: *ist befragt worden*)
20. L'accusé **va être** arrêté par la police. (**futur proche/composé**: im Deutschen Futur: *wird verhaftet werden*)
21. L'accusé **sera** arrêté par la police. (**futur**: *wird verhaftet werden*)
22. Les devoirs **doivent être** faits par les élèves.
    (**verbe de modalité devoir + infinitif être**: *müssen gemacht werden*)
23. Les fleurs **peuvent être** arrosées par Luc.
    (**verbe de modalité pouvoir + infinitif être**: *können gegossen werden*)
24. La requête **a été** rejetée par le directeur. (**passé composé**: *ist abgelehnt worden*)
25. Madame Jallot **est** demandée au téléphone. (**présent**: *wird verlangt*)
26. Le vélo de Pilou **a été** volé. (**passé composé**: *ist gestohlen worden*)
27. Le village **a été** détruit par les inondations. (**passé composé**: *ist zerstört worden*)
28. La jupe **sera** repassée par maman. (**futur**: *wird gebügelt werden*)
29. Les résumés des élèves **seraient** corrigés par la prof. (**conditionnel I**: *würden korrigiert*)
30. La tour **aurait été** démolie. (**conditionnel II**: *wäre zerstört worden*)
31. La cuisine **avait été** nettoyée par papa. (**plus-que-parfait**: *war gereinigt worden*)
32. La rue **doit être** dégagée. (**verbe de modalité devoir + infinitif être**: *muss geräumt werden*)
33. Les dates des examens **seront** fixées. (**futur**: *werden festgelegt werden*)
34. Le problème **aurait été** résolu par monsieur Pichat. (**conditionnel II**: *wäre gelöst worden*)
35. Le poème **avait été** traduit en français. (**plus-que-parfait**: *war übersetzt worden*)
36. Un texte **doit être** rédigé par François. (**verbe de modalité devoir + infinitif être**: *muss verfasst werden*)
37. Les maisons **pourraient être** reconstruites.
    (**verbe de modalité pouvoir + infinitif être**: *könnten wieder aufgebaut werden*)
38. La voiture **aura été** vendue par papa la semaine prochaine. (**futur II**: *wird verkauft worden sein*)
39. Madame Lancellin **va être** accompagnée par madame Paret.
    (**futur proche/ composé**: im Deutschen Futur: *wird begleitet werden*)
40. Le cambrioleur **aurait pu être** surpris par la police.
    (**verbe de modalité pouvoir + infinitif être**: *hätte überrascht werden können*)

pages 32/33/34/35/36

1. C'est ***la plus belle*** ville **que** je **connaisse**. (règle 6/ p 27)
2. J'***aime*** que vous tous **soyez** contents. (règle 2, p 20)
3. Ainsi **soit**-il. (1/ p 20)
4. ***Admettons que*** tu te **trompes** / tu te **sois trompé(e)** (*passé du subjonctif* p 40). (règle 4/Achtung 1, p 23)
5. J'***espère qu'***elle m'aidera demain. (Achtung 2/ p 24)
6. ***Espères-tu qu'***il **vienne** te voir? (Achtung 2/ p 24) / qu'il viendra te voir
   (Achtung 2/ p 24: in der *langue parlée* auch *futur* möglich)
7. J'attends ***jusqu'à ce qu'***ils **viennent**. (7/ p 28)
8. Elle ***a ordonné qu'***on ne **rentre** pas trop tard. (3/ p 22)
9. Nous ***craignons que*** Paul (ne) **parte**. (*Siehe auch*: *ne explétif* p 24) (2/ p 20)
10. ***Veux-tu que*** je **fasse** mes devoirs maintenant? (3/ p 22)
11. Je ***trouve que*** ce livre est difficile à lire. (5/ p 26)
12. ***Trouves-tu qu'***il **soit** aimable? (5/Vergleiche/ p 26: Inversionsfrage, Zweifel)
13. Je ***ne comprends pas que*** cette nouvelle l'**ait** rendu malheureux. (Achtung 3/ p 25, Zweifel)
14. Il a ***défendu*** qu'on **parte** plus tôt. (3/ p 22)
15. ***Il est temps que*** nous **rendions** les livres. (8/ p 31)
16. Elle a ***décidé qu'***elle finira ses études en France. (Achtung 3/ p 25)
17. Elle ***se plaint que*** vous n'**aidiez** jamais. (2/ p 20)
18. ***Il faut que*** nous **soyons** très sages. (3/ p 22)
19. ***Téléphone-lui qu'***il **prenne** le bus le matin. (Achtung 3/ p 25)
20. Tu ***veux que*** je **finisse** de parler? (3/ p 22)
21. **Y a-t-il *quelqu'un qui* connaisse** ce film? (6/ p 27)
22. J'***aimerais*** tant ***que*** Philippe **revienne**. (2/ p 20)
23. Je ***désire*** vraiment ***que*** tu **viennes** me voir plus souvent. (3/ p 22)

24. Nous ***doutons que*** tu **aies** raison, Pauline. (4/ p 23)
25. Je ***ne doute pas qu'***il est très riche. (4/Achtung 1/ p 23)
26. Je ***doute que*** François ne **puisse** venir. (4/ p 23)
(hier mit *ne explétif* p 24, welches unübersetzt bleibt: *Ich bezweifle, dass F. kommen kann.*)
27. Nous ***ne doutons pas qu'***il viendra demain. (4/Achtung 1/ p 23)
28. ***Dites-lui qu'***il **se dépêche**! (Achtung 3/ p 25: Befehl)
29. C'est ***le plus grand*** arbre ***qu'***il **ait** jamais vu. (6/ p 27)
30. **Vive** les vacances! (1/ p 20)
31. ***Dites-lui que*** je dois partir demain. (5/ p 26, kein Befehl, nur Mitteilung)
32. ***Dites-lui que*** monsieur Desse est arrivé hier soir. (5/ p 26, kein Befehl, nur Mitteilung)
33. Il ***écrit qu'***il ne pourra pas venir le week-end. (5/Merke/ p 26, **indi**rekte Rede + **indi**catif)
34. ***Écris-lui qu'***elle **prenne** le train à six heures. (Achtung 3/ p 25: Befehl)
35. ***Empêchez que*** Nathalie le **sache** trop tôt. (3/ p 22)
36. Elle ***mérite*** vraiment ***qu'***on l'**aide**. (2/ p 20)
37. Il m'***a persuadé que*** je devais manger quelque chose. (Achtung 3/ p 25)
38. Il n'y a ***personne qui*** **soit** plus charmant que mon frère. (6/ p 27)
39. ***Prends garde que*** personne ne te **surprenne**. (3/ p 22)
40. Je ***regrette que*** son chef **soit** si injuste. (2/ p 21)
41. ***Qu'***elle **parte** enfin! (1/ p 20)
42. Je ***suppose que*** tu es prêt. (4/Achtung 1/ p 23: Tatsache)
43. La prof ne ***supporte*** pas ***que*** nous **fassions** des bêtises. (3/ p 22)
44. Je ***souhaite que*** vous **reveniez** sain et sauf. (3/ p 22)
45. ***Supposez qu'***il **soit** à table. (4/Achtung 1/ p 23)
46. Je ***suppose que*** vous connaissez la vérité. (4/Achtung 1/ p 23: Tatsache)
47. Je ***trouve bon que*** vous **ayez** trouvé un emploi. (2/ p 21)
48. Je ***veux que*** tu **partes** maintenant. (3/ p 22)
49. Est-ce qu'il y a ***quelqu'un qui*** **puisse** nous aider? (6/ p 27) / qui peut nous aider? (6/Achtung p27: Tatsache)
50. ***Il faut que*** je **fasse** mes devoirs maintenant. (3/ p 22)
51. ***Il importe que*** tu nous **dises** comment l'accident s'est passé. (3/ p 22)
52. ***Il est injuste que*** son chef **ait** des préférées. (8/ p 31)
53. **Advienne** que pourra! (1/ p 20)
54. C'est ***le seul*** film ***que*** j'ai vu pendant les vacances. (6/Achtung/ p 27: Tatsache)
55. ***Il faut que*** vous vous **leviez** de bonne heure demain. (3/ p 22)
56. Je vous explique la règle **afin que** vous **puissiez** faire cet exercice. (7/ p 28)
57. Vous ***permettez que*** je **remplisse** votre verre? (3/ p 22)
58. Nous ***trouvons que*** vous avez raison. (5/ p 26)
59. Je ***n'espère plus qu'***elle viendra encore / **qu'**elle **vienne** encore. (Achtung2/ p24)
60. ***Il est compréhensible qu'***elle se **soit** fâchée. (8/ p 30)
61. ***Il est nécessaire que*** nous **partions** maintenant. (3/ p 22)
62. ***Il est temps que*** vous **rentriez** (8/ p 31) ***avant qu'***il ne **soit** trop tard. (7/ p 28) (*ne explétif*, Achtung 2/ p 24)
63. ***Il se peut que*** nos amis **soient** déjà arrivés. (4/ p 23)
64. ***Il me semble qu'***il pleut. (4/Achtung 1/ p 23)
65. ***Autant que*** je **sache**, il arrivera demain. (1/ p 20)
66. ***Il faudrait que*** tout le monde **connaisse** la vérité. (3/ p 22)
67. ***Il arrive qu'***elle **parte** le matin. (4/ p 23)
68. Paris est ***la plus belle*** ville ***qu'***on **puisse** visiter au printemps. (6/ p 27)
69. ***Il est vrai que*** Pierre a trouvé une maison à la plage. (8/Achtung/ p 31: Tatsache)
70. ***Il est probable que*** Philippe arrivera le week-end. (8/Achtung/ p 31: Tatsache)
71. Je suis ***heureux que*** vous **soyez** venus me rendre visite. (2/ p 21)
72. Elle est ***triste que*** Fernand n'**écrive** plus. (2/ p 21)
73. ***Quelle que*** **soit** la difficulté, on t'aidera. (7/ p 29)
74. ***Il paraît qu'***il veut rester en France. (4/Achtung 1/ p 23)
75. ***Crois-tu qu'***il **fasse** / **qu'**il fera des bêtises encore une fois? (5/Vergleiche/ p 26, Inversionsfrage)
76. Je suis ***désolé que*** cela **soit** arrivé ainsi. (2/ p 21)
77. Je ***doute qu'***il ne **vienne**. (*ne explétif*, Achtung 2/ p 24) (4/ p 23)
78. Je ***considère que*** tu as raison. (5/ p 26)
79. Je ***ne considère pas*** qu'il **ait** raison. (5/ p 26,Verneinung) / **qu'**il a raison (5/Vergleiche/ p 26)
80. Je ***souhaite que*** vous ne **sortiez** pas trop tard. (3/ p 22)
81. ***Toute*** capricieuse ***qu'***elle **soit**, il l'adore. (7/ p 29)
82. Nous ***jugeons que*** sa présence est nécessaire pour nous. (5/ p 26)
83. **Crois-tu qu'**ils **soient** déjà arrivés / **qu'**ils sont déjà arrivés? (5/Vergleiche/ p 26, Inversionsfrage)
84. Thomas ***ne croit pas que*** nous avons gagné hier. (5/Vergleiche/ p 26: Tatsache) /
que nous **ayons** gagné (5/Vergleiche/ p 26: Zweifel)
85. Je ***ne peux pas croire qu'***il **ait** gagné. (5/Vergleiche/ p 26: Zweifel) / **qu'**il a gagné (5/Vergleiche/ p 26: Tatsache)
86. ***Bien que*** Paul **soit** un peu malade, il va au bureau. (7/ p 28)
87. ***Comprends-tu qu'***il **soit** déprimé maintenant? (5/Vergleiche/ p 26: Zweifel)
88. Elle est ***si*** malade ***qu'***elle doit rester à l'hôpital. (7/Achtung/ p 30, si ... que = so dass + indicatif)

89. ***Il est douteux qu'***il **ait** vraiment volé le vélo. (4/ p 23)
90. **Il n'est pas douteux qu'**il a vraiment volé le vélo.
(8/Achtung/ p 31 = *es steht außer Zweifel* = Tatsache + indicatif)
91. ***Il paraît qu'***il ne peut pas partir en vacances. (8/Achtung/ p 31)
92. Il ***espère que*** tu viendras. (Achtung 2/ p 24)
93. Il ***dit qu'***il veut partir en France. (5/Merke/ p 26: **indi**rekte Rede + **indi**catif)
94. Je ***sais*** bien ***que*** tu es fatigué. (5/ p 26)
95. ***Il est indispensable que*** nous **travaillions** plus. (3/ p 22)
96. Je ***ne veux pas que*** vous **mangiez** dans la salle de séjour. (3/ p 22)
97. Elle cherche un mari ***qui*** **ait** beaucoup de temps pour elle. (6/ p 27)
98. Je ***n'espère pas qu'***elle **réusisse** / réussira. (Achtung 2/ p 24: *In Frage und Verneinung verwendet man meist den **subjonctif**. In der langue parlée findet sich aber auch das **futur**.)*
99. Tu écris mal, ***de sorte que*** je ne peux pas lire les mots.
(7/Achtung/ p 30: sodass, infolgedessen = **F**olge + indicati**f**)
100. Il faut s'en aller ***avant qu'***il ne **pleuve**. (7/ p 28) (*ne explétif*, p 37)
101. Il ***doute que*** Michelle **vienne** le soir. (4/ p 23)
102. Il ***ne doute pas que*** Pierre vient le matin. (4/Achtung 1/ p 23: Sicherheit, Tatsache)
103. Il est ***sûr qu'***ils se marieront. (8/Achtung/ p 31)
104. Il a ***affirmé qu'***il était tout seul. (5/Merke/ p 26: **indi**rekte Rede + **indi**catif)
105. ***Il est naturel qu'***elle **soit** triste maintenant. (8/ p 31)
106. Je ***ne suis pas d'avis*** qu'on **doive** l'attendre plus longtemps. (5/Vergleiche/ p 26: Zweifel)
107. Je ***suis désolé que*** Pierre **soit** si malade. (2/ p 21)
108. Madame Machat est malade ***de manière qu'***elle ne peut pas partir en vacances.
(7/Achtung/ p 30: sodass, infolgedessen = **F**olge + indicati**f**)
109. ***Croyez-vous qu'***il **dise** la vérité maintenant? (Zweifel) /
qu'il dit (5/Vergleiche/ p 26, Inversionsfrage, Tatsache)
110. Je ***ne pense pas qu'***elle est très sympathique. (5/Vergleiche/ p 26: Tatsache)
111. ***Je ne pense pas qu'***elle **soit** en retard. (5/Vergleiche/ p 26: Zweifel)
112. Il ***dit qu'***il a fait ses devoirs tout seul. (5/Merke/ p 26: **indi**rekte Rede + **indi**catif)
113. Je ***n'ignore pas que*** Pierre est déjà arrivé. (8/Achtung/ p 31: *ich weiß sehr wohl, dass ....*)
114. Il a beaucoup neigé ***de sorte qu'***on peut faire du ski. (7/Achtung/ p 30: sodass = **F**olge + indicati**f**)
115. Nous ***ne comprenons pas qu'***il **ait** quitté sa femme. (Achtung 3/ p 25)
116. ***Il faudrait que*** les femmes **aient** les mêmes droits que les hommes. (3/ p 22)
117. ***Supposez que*** Marcel **ait** perdu. (4/Achtung 1/ p 23: Unsicherheit)
118. Je ***suppose que*** vous avez fait vos devoirs.
(4/Achtung 1/ p 23: *Ich setze voraus, ich nehme an* = Sicherheit, Tatsache)
119. ***Admettons que*** notre prof **soit** malade. (4/Achtung 1/ p 23: *Nehmen wir einmal an ...* = Unsicherheit)
120. Il faut ***admettre que*** je me **suis** trompé. (4/Achtung 1/ p 23: *Ich muss zugeben ...* = Sicherheit, Tatsache)
121. Je ***ne pense pas que*** Pilou **ait** fait cela. (5/Vergleiche/ p 26: Verneinung, Zweifel)
122. Nous ***ne pensons pas que*** nous passerons nos vacances en France cette année.
(5/Vergleiche/ p 26: Verneinung, Tatsache)
123. ***tes-vous d'avis qu'***elle **doive** s'excuser? (5/Vergleiche/ p 26: Inversionsfrage, Unsicherheit)
124. J'ai ***peur que*** vous **oubliiez** notre rendez-vous. (2/ p 20)
125. ***De peur qu'***il ne **soit** puni, elle est partie. (7/ p 28) (*ne explétif*, Achtung 2/ p 24)
126. J'attendrai ici ***jusqu'à ce que*** vous **arriviez**. (7/ p 28)
127. ***Que*** cela **soit** bien fait! (1/ p 20)
128. C'est ***la dernière fois que*** nous les invitons. (6/Achtung/ p 27, Tatsache)
129. ***Où que*** tu **ailles**, je te suivrai. (7/ p 29)
130. ***Qu'***il **pleuve**, ***ou qu'***il **neige**, je viendrai de toute façon. (7/ p 29)
131. Il fait froid ***de sorte qu'***on ne peut pas partir. (7/Achtung/ p 30: sodass, infolgedessen + indicati**f**)
132. Je ***regrette*** vraiment ***qu'***il y **ait** autant de visiteurs. (2/ p 21)
133. ***Pourvu qu'***ils ne **fassent** pas de bêtises, ils peuvent rester plus longtemps. (7/ p 28)
134. ***Il est clair qu'***il écrit à ton frère. (8/Achtung/ p 31)
135. Allons encore au café ***avant que*** tu ne **partes**. (7/ p 28, *ne explétif*, Achtung 2/ p 24)
136. Je suis ***étonné qu'***il se **soit** fâché comme ça. (2/ p 21)
137. ***Supposons qu'***elle **ait** oublié ses clés. (4/Achtung 1/ p 23)
138. Elle nous a écrit ***pour que*** nous **venions** la voir. (7/ p 28)
139. Je ***doute qu'***elle lui **écrive**. (4/ p 23)
140. ***Il est dommage qu'***il **veuille** partir. (8/ p 31)
141. ***Il est grand temps qu'***on **fasse** nos devoirs. (8/ p 30)
142. Maman ***a*** toujours ***peur que*** nous ne **soyons** en retard. (Achtung 2/ p 24: *mit ne explétif*)
143. Elle est partie ***sans que*** nous **ayons** eu la possibilité de lui parler. (7/ p 28)
144. **Autant que je sache**, il habite à Paris maintenant. (1/ p 20)
145. ***Il vaut mieux que*** vous ne la **contredisiez** pas. (8/ p 31)
146. Il pleure ***parce qu'***il a mal à la tête. (7/Achtung/ p 30)
147. ***Puisqu'***il a une bonne note il reçoit une invitation au cinéma. (7/Achtung/ p 30)
148. ***Il est possible que*** Luc nous **rende** visite la semaine prochaine. (4/ p 23)

149. ***Téléphone-lui qu'***elle **se dépêche**. (5/ p 26, Befehl)
150. ***J'aime mieux que*** vous **restiez** chez nous ce soir. (2/ p 20)
151. **Comprenne** qui pourra! (1/ p 20)
152. Elle a dormi dans la voiture ***jusqu'à ce qu'***ils **soient** arrivés à la maison. (7/ p 28)
153. Honni **soit** qui mal y pense. (1/ p 20)
154. Nous ***avons peur qu'***elle ne **soit** grièvement blessée. (Achtung 2/ p 24)
(... dass sie schwer verletzt ist. Ne explétif p 24)
155. Je cherche une secrétaire ***qui*** **sache** bien l'anglais. (6/ p 27)
156. ***Il est important que*** vous **fassiez** vos devoirs seuls. (3/ p 22)
157. ***Il est peu probable qu'***il **ait** gagné un prix. (4/ p 23)
158. ***Il est triste que*** tu ne **tiennes** jamais tes promesses. (2/ p 21)
159. ***Il est rare que*** nous **rentrions** si tard. (8/ p 31)
160. Nous ***regrettons que*** vous n'**ayez** pas trouvé de chambres d'hôtel. (2/ p 21)
161. ***C'est dommage que*** vous **ayez** fait beaucoup de fautes. (8/ p 30)
162. ***Il est probable qu'***il a gagné un prix. (8/Achtung/ p 31)
163. ***Il est invraisemblable qu'***il **ait** gagné un prix. (4/ p 23)
164. ***Il est temps que*** vous vous **leviez**. (8/ p 31)
165. ***Il est impossible que*** tu **fasses** du bruit comme ça. (4/ p 23)
166. ***Il est indispensable que*** tu **dises** la vérité. (3/ p 22)
167. ***Il est certain que*** Pierre aura son permis de conduire. (8/Achtung/ p 31)
168. ***Quel que*** **soit** ton problème, je t'aiderai. (7/ p 29)
169. On fera un pique-nique, ***à condition qu'***il ne **pleuve** pas. (7/ p 28)
170. ***Que*** personne ne **rie**! (1/ p 20)
171. ***J'ai peur que*** François **ait** perdu ses clés. (2/ p 20)
172. C'est vraiment ***le mieux que*** vous **puissiez** faire. (6/ p 27)
173. Je ***ne trouve pas que*** leur maison **soit** si belle. (5/Vergleiche/ p 26: Zweifel)
174. Madame Machat ***est contente que*** sa fille **apprenne** le français. (2/ p 21)
175. ***Il faut*** absolument ***que*** je **suive** un régime. (3/ p 22)
176. ***Bien qu'***il **soit** en retard, il ne se dépêche pas. (7/ p 28)
177. ***Pendant que*** Paul buvait son café, Mireille bavardait avec son amie. (7/Achtung/ p 30)
178. C'est ***le plus grand*** parc ***que*** je **connaisse**. (6/ p 27)
179. Monique est ***la première qui*** est venue. (6/Achtung/ p 27: Tatsache)
180. ***Il est nécessaire que*** tu **saches** tout. (3/ p 22)
181. Je ***ne veux pas qu'***il s'en **aille**. (3/ p 22)
182. Vous ***permettez que*** je **prenne** votre sac? (3/ p 22)
183. Je ***regrette que*** tu **doives** partir maintenant. (2/ p 21)
184. Elle ***se plaint que*** nous n'**allions** jamais la voir. (2/ p 20)
185. Je ***ne pensais pas que*** ton sac **soit** si lourd. (5/Vergleiche/ p 26: Zweifel)
186. Je **crois qu'**elle est (5/ p 26) ***la seule qui*** **connaisse** la vérité. (6/ p 27)
187. ***Il est certain que*** vous **venez** nous voir. (8/Achtung, p 31)
188. Je ***sais*** bien ***qu'***elle est (5/ p 26) ***la seule qui*** connaît la vérité. (6/Achtung/ p 27: Sicherheit, Tatsache)
189. Parle plus lentement ***afin que*** nous **puissions** te comprendre. (7/ p 28)
190. Elle cherche une maison ***qui*** **convienne** à ses goûts. (6/ p 27: Wunsch)

page 39

Voir d'abord ***le subjonctif*** p 18-31.

1. Je crains qu'il (**ne**) parte. (***ne*** *explétif* règle 1/ p 37)
2. Je **ne** crains **pas** qu'il arrive trop tard. (1/ p 37, craindre ist verneint, daher kein ***ne*** *explétif*)
3. Elle **ne** cesse de pleurer. (*négation* ***sans pas***, règle 1/ p 38)
4. Il faut empêcher qu'il (**ne**) tombe malade. (***ne*** *explétif*, 1/ p 37)
5. Je crains qu'il **ne** vienne **pas**. (kein ***ne*** *explétif*, weil normale Verneinung)
6. On **ne** peut discuter avec lui. (*négation* ***sans pas***, règle 1/ p 38)
7. Il voudrait empêcher qu'elle (**ne**) parte. (***ne*** *explétif*, 1/ p 37)
8. Elle est plus mince qu'on (**ne**) le croit. (***ne*** *explétif*, 4/ p 37)
9. Je **ne** sais **pas** nager. (*hier mit* ***pas***, règle 1/Achtung/ p 38) (*savoir = können*)
10. Si je **ne** me trompe, il viendra demain. (*négation* ***sans pas***, règle 2/ p 38)
11. Prends garde qu'il **ne** tombe. (*négation* ***sans pas***, règle 2/ p 38)
12. Il est tout autre qu'il (**n'**) était autrefois. (***ne*** *explétif*, 4/ p 37)
13. Il y a déjà une semaine qu'il **n'**a écrit. (*négation* ***sans pas***, règle 2/ p 38)

14. Doutez-vous qu'il (**n'**) ait une amie? (***ne** explétif*, 2/ p 37) (**Frage** + subjonctif ⇨ ***ne*** möglich)
15. Il court très vite de peur qu'ils (de crainte qu'ils) (**n'**) arrivent trop tard. (***ne** explétif*, 3 / p 37)
16. Nous viendrons vous voir, à moins que nous **ne** vous dérangions.
(***ne** explétif*, 3/ p 37, bei *à moins que* fast immer mit ***ne***)
17. Je **ne** puis vous envoyer la lettre. (*négation **sans pas***, règle 1/ p 38, littéraire)
/ Je **ne** peux **pas** vous envoyer la lettre. (règle 1/Achtung/ p 38)
18. Nous devons nous excuser avant qu'il (**ne**) soit trop tard. (***ne** explétif*, 3/ p 37)
19. Il lit le journal jusqu'à ce que le café soit prêt.
(***ne** explétif*, 3/ p 37: *jusqu'à ce que* gehört nicht zu den Konjunktionen, die ein ***ne** explétif* nach sich haben)
20. De peur que vous (**ne**) soyez triste, je vous informe maintenant. (***ne** explétif*, 3/ p 37)
21. Je **ne** sais à qui demander. (savoir = wissen) (*négation **sans pas***, règle 1/ p 38)
22. Il y a une année qu'elles / qu'ils **ne** se parlent **pas**.
(*hier mit **pas***, weil es sich um eine einfache Zeit, das Präsens, handelt, règle 2/Merke/ p 38)
23. Nous devons nous dépêcher avant que les magasins (**ne**) ferment. (***ne** explétif*, 3/ p 37)
24. Je **ne** crains **pas** qu'il oublie mon anniversaire. (1/ p 37, craindre ist verneint, daher kein ***ne** explétif*)
25. **N'**importe qui peut nous rendre visite. (*négation **sans pas***, règle 2/ p 38)
26. Doutez-vous qu'elle (**ne**) soit seule? (***ne** explétif*, 2/ p 37, *douter steht in der **fragenden** Form*)
27. Doutes-tu qu'il (**n'**) ait (p 31/Achtung) déjà mangé?
(***ne** explétif*, 2/ p 37 *douter steht in der **fragenden** Form*)
28. Je crains toujours qu'il (**ne**) fasse des bêtises. (***ne** explétif*, 1/ p 37)
29. Je **ne** nie **pas** que cela (**ne**) soit extraordinaire. (***ne** explétif*, 2/ p 37, *nier in **verneinter** Form*) /
que cela est extraordinaire. (betont eineTatsache ⇨ indicatif ⇨ ***ne*** nicht möglich)
30. Il **n'**ose vous dire la vérité. (*négation **sans pas***, règle 1/ p 38)
31. Si je **ne** me trompe, vous êtes Madame Baumert. (*négation **sans pas***, règle 2/ p 38)
32. C'est mieux que je (**ne**) pourrais le faire. (***ne** explétif*, 4/ p 37)
33. Elle est/fait plus vieille qu'on (**ne**) pense. (***ne** explétif*, 4/ p 37)
34. Elle chante **n'**importe quoi. (*négation **sans pas***, règle 2/ p 38)
35. Elle s'en va avant qu'il (**ne**) la trouve. (***ne** explétif*, 3/ p 37)
36. **N'**empêche qu'il a raison. (*négation **sans pas***, règle 2/ p 38)

pages 42/43

1. Admettons que tu te **sois trompé(e)**.
2. Je regrette que vous **n'ayez pas écrit** avant.
3. Le témoin a contesté que cela **se soit passé** de cette façon.
4. Nous craignons que Paul **ne soit pas parti**.
5. Je comprends bien que cette nouvelle **l'ait rendu** malheureux.
6. Mon amie est heureuse que son fils **ait réussi** à l'examen.
7. Nous sommes bien contents qu'il **n'ait pas perdu** ses clés.
8. Je voudrais bien que vous **ayez fini** vos devoirs, avant que vous sortiez.
9. J'aurais souhaité qu'elle **soit arrivée** plus tard.
10. C'est dommage que vous **n'ayez pas trouvé** son adresse.
11. Je m'étonne qu'il **n'ait rien su**.
12. Je ne crois pas qu'elle **soit déjà partie**.
13. Maman aurait aimé que vous **soyez rentré(e)s** plus tard.
14. Admettez qu'ils **se soient trompés**.
15. C'est la ville la plus intéressante qu'il **ait jamais visitée**. (Zur Übereinstimmung: ☺ **III** p 63/5)
16. Elle regrette qu'ils **aient fait** des bêtises.
17. Elle est heureuse que son amie **ait trouvé** un mari.
18. Je ne comprends pas qu'il **se soit fâché** comme ça.
19. C'est possible que les Legrand **soient déjà arrivés**.
20. Ce n'est pas vrai qu'il **ait trouvé** une maison à Vienne.
21. Elle était très heureuse que vous **soyez venu(e)s** / **venu(e)** lui rendre visite.
22. Elle est triste que Paul **ne lui ait pas écrit**.
23. C'est insupportable que cela **soit arrivé** ainsi.
24. Elle s'étonne qu'il **ait fini** ses études si vite.
25. Crois-tu qu'ils lui **aient déjà téléphoné**?
26. Il est naturel qu'elle **ait été** triste.
27. Croyez-vous qu'elle **ait dit** la vérité?
28. Je ne peux pas croire que Pilou **ait fait** cela.
29. Nous avons peur qu'ils **aient oublié** notre rendez-vous.
30. Nous regrettons qu'il y **soit venu** trop de monde.
31. Supposons qu'elle **n'ait pas trouvé** le chemin.
32. Elle a peur que nous **nous soyons trompé(e)s**.

33. Elle est partie sans que nous lui **ayons dit** au revoir.
34. J'aurais bien aimé que vous **ne soyez pas parti(e)s**.
35. Elle a attendu jusqu'à ce qu'ils **soient arrivés** à la maison.
36. Il est peu probable qu'il **ait dit** cela.
37. Il est triste que tu **n'aies pas tenu** ta promesse.
38. Nous regrettons que vous **n'ayez pas trouvé** de maison convenable.
39. J'ai peur qu'il **ait menti**.
40. C'est le mieux que vous **ayez pu** faire.
41. Elle est contente que sa fille **ait passé** son bac.
42. Cela me surprend qu'il **n'ait rien compris**.
43. Je regrette que vous **ne soyez pas sorti(e)s** /**sorti(e)** avec nous.
44. Elle doute qu'il **ait tout préparé**.
45. Cela nous a étonnés qu'elles **soient parties** sans rien dire.
46. Ce n'est pas possible que tu **ne nous aies pas entendu(e)s**.
47. Je ne trouve pas bon que vous **ayez choisi** ce livre.
48. Maman regrette vraiment que vous **ne soyez pas resté(e)s** /**resté(e)** au dîner.
49. Je doute qu'il **ait mérité** la récompense.
50. Il vaudrait mieux qu'elle **se soit tue**.

page 50

1. Elle préfère le voyage **en** train. (6b)
2. Je te compte **parmi** mes amis. (3a)
3. J'ai un peu froid **aux** pieds. (7b)
4. Tu es bon **en** maths? (6b)
5. Tu pourrais nous téléphoner **avant** le dîner. (1a)
6. **À** ce moment, le facteur a apporté un paquet. (7a/Vergleiche)
7. Il s'est marié **il y a** dix ans. (4)
8. Il n'a pas de travail **en** ce moment. (6a)
9. **Parmi** les gens j'ai remarqué monsieur Degove. (3a)
10. Il n'était pas **en** retard (6b), **à** notre grande surprise. (7b)
11. Il copie le devoir **dans** mon cahier. (5c)
12. Tu peux t'asseoir **entre** Pierre et Philippe. (3b)
13. Elle reviendra **dans** huit heures. (5a: *innerhalb von 8 Stunden*) / ... **à** huit heures (7a: *um 8 Uhr*)
14. Heureusement elle est **en** bonne santé. (6b)
15. Vous pouvez choisir **parmi** plusieurs solutions. (3a)
16. C'est quand, ton anniversaire? - **En** septembre. (6a)
17. Je la reconnaîtrais **parmi** tout le monde. (3a)
18. Le supermarché est situé **devant** l'école. (1b)
19. **À** quelle heure reviendra-t-il? (7a)
20. **En** été (6a) nous passerons nos vacances **en** Angleterre. (6b)
21. Je préfère vivre **à** la campagne. (7b)
22. Elle ne trouve jamais rien **dans** son sac. (5b)
23. La police a mis le gangster **en** prison. (6b)
24. Dépêche-toi, il faut se mettre **en** route. (6b)
25. Elle a bu **dans** sa tasse. (5c)
26. Le dimanche nous allions **à** l'église. (7b)
27. Elle traite ses élèves **en** amis. (6b)
28. L'après-midi nous avons fait une promenade **à** la campagne. (7b)
29. Elle a tiré un mouchoir **de** sa poche. (5c/Merke)
30. Ils veulent commencer à construire leur maison **au** printemps. (6a/Aber)
31. Qu'est-ce que tu caches **dans** ta main? (7b/Vergleiche)
32. Nous allons faire du ski **au** Nouvel An. (7a)
33. Est-ce que tu aimes aller **au** théâtre? (7b)
34. Il a émigré **en** Australie (6b) **il y a** vingt ans. (4)
35. La prof écrit les mots nouveaux **au** tableau. (7b)
36. Tu voudrais aller **à** la terrasse? (7b)
37. Elle a eu mal **à** l'estomac (7b) **après** le déjeuner. (2a) / **avant** le déjeuner (1a)
38. J'aime **en** lui sa politesse et son charme. (6b)
39. Nous avons beaucoup parlé **dans** le courant de la soirée. (5a)
40. Il ne faut pas boire **à** la bouteille. (5c/Merke)
41. Ton pull est **en** laine ou **en** soie? (6b)

page 52

1. **après** l'autobus (Präp + Nomen)
2. **Pour** travailler (Präp + Infinitiv/Achtung)
3. **pour qu**'elle soit heureuse. (Konj + Verb)
4. **pendant** trois heures (Präp + Nomen)
5. **Depuis qu**'elle habite (Konj + Verb)
6. **Après** avoir attendu (Präp + infinitif passé/Achtung), **sans** elle (Präp + Pronomen)
7. **avant** un voyage (Präp + Nomen)
8. **avant que** tu ne partes (Konj + Verb) (ne explétif, p 37)
9. **Avant** le départ (Präp + Nomen)
10. **pendant que** sa mère lavait (Konj + Verb)
11. **bien que** le temps soit (Konj + Verb)
12. **après qu**'il a fait (Konj + Verb)
13. **pendant** le voyage (Präp + Nomen)
14. **avant de** partir (Präp + Infinitiv/Achtung)
15. **pour que** nous allions (Konj + Verb)
16. **jusqu'à** la fin (Präp + Nomen)
17. **depuis** une heure (Präp + Nomen)
18. **dès qu**'elle sera (Konj + Verb)
19. **Après** toi! (Präp + Pronomen)
20. **jusqu'à ce que** Pierre revienne (Konj + Verb)
21. **Jusqu'à** quand (Präp + Adverb)
22. **pendant que** tu manges (Konj + Verb)
23. **malgré** le mauvais temps (Präp + Nomen)
24. **sans que** nous ayons pu (Konj + Verb)
25. **pour que** nous soyons informés (Konj + Verb)
26. **Depuis** quand (Präp + Adverb)
27. **depuis qu**'elle a rencontré (Konj + Verb)
28. **pendant que** le bébé dort (Konj + Verb)
    – **Pendant** ce temps (Präp + Nomen)
29. **devant** la photo (Präp + Nomen)
30. **depuis** deux semaines (Präp + Nomen)
31. **dès** le début (Präp + Nomen)
32. **pour** des raisons personnelles (Präp + Nomen)
33. **depuis** la semaine dernière (Präp + Nomen)
34. **Pour** longtemps? (Präp + Adverb) – **Pour** une année (Präp + Nomen)
35. **Depuis qu**'elle est malade (Konj + Verb)
36. **jusqu'à ce qu**'elle s'excuse (Konj + Verb)
37. **Pendant** le café (Präp + Nomen)
38. **avant** lui (Präp + Pronomen), **dès** notre arrivée (Präp + Nomen)
39. **avant qu**'il ne neige (Konj + Verb) (ne explétif, p 37)

page 55

1. Tout le monde pense à **soi**.
2. Tu veux travailler avec **moi**? – Non, chacun travaille pour **soi**.
3. Elles doivent s'occuper d'**elles**-mêmes.
4. Tu ne penses qu'à **toi**.
5. Tout le monde est chez **soi** ce soir. Il y a un match de foot.
6. Elles préfèrent rester entre **elles**.
7. Il ne faut pas toujours penser à **soi**.
8. Chacun doit lutter pour **soi**.
9. Tout le monde est déjà rentré chez **soi**.
10. Je l'informerai **moi**-même.
11. Pierre est bien égoïste. Il ne pense qu'à **lui**.
    (p 54/Achtung: es ist klar, dass nur er gemeint sein kann: il est égoïste)
12. Tu t'occupes seulement de **toi**-même.
13. Ils n'ont pas leurs passeports sur **eux**.
14. On va chez **nous** ou au bar? (p53/Achtung: on im Sinne von ***nous***)
15. Je rentre chez **moi**.
16. On est très bien chez **soi**.
17. Cette fille ne parle que d'**elle**.

18. Elle n'avait pas d'argent sur **elle**.
19. **Soi**-disant qu'il a volé.
20. Vous devez rester **vous**-mêmes.
21. On ne doit pas toujours penser à **soi**.
22. Je viens de chez **moi**.
23. Pierre regarde autour de **soi/lui**. (p 54/Achtung: Unklarheit möglich)
24. Elle ne pense qu'à **elle**-même. Personne ne compte pour **elle**.
25. Ils n'avaient pas leurs papiers sur **eux**.
26. Chacun est fier de **soi**.
27. Il exerce un métier **soi**-disant difficile. (p 53/Merke)
28. On n'estime que **soi**.
29. Cela va de **soi**, c'est tout naturel. (p 53/Merke)
30. Je dois nettoyer toute la maison **moi**-même.
31. On fait tout **soi**-même.
32. Il faudrait aimer son prochain comme **soi**-même.
33. Il est allé à Paris, **soi**-disant pour affaires. (p 53/Merke)
34. Chacun a ses livres devant **soi**?
35. Par ce mauvais temps on aime plutôt rester chez **soi**.
36. Ils ne veulent pas que nous partions en vacances avec **eux**.
37. Elle garde tous les secrets pour **elle**.
38. Vous ne vous occupez que de **vous**-mêmes.
39. Tu dois avoir confiance en **toi**.
40. C'est un travail **soi**-disant difficile. (p 53/Merke)
41. Il faut toujours rester fidèle à **soi**-même.

pages 61/62/63

Manchmal sind mehrere Lösungen möglich.
Hier einige Vorschläge.

1. **Certain(e)s** (9) / **Quelques-un(e)s** (7) ne travaillent jamais sérieusement! (einige)
2. Qui est-ce qu'elle a invité? – **N'importe qui**. (2) (irgendjemanden)
3. **Quiconque** a lu ce livre est choqué. (1) (wer auch immer)
4. **Quelqu'un** nous a téléphoné à minuit. (7) (jemand)
5. Est-ce qu'il y a une **autre** possibilité? (11) (eine andere)
6. Les **quelques** chocolats que j'ai mangés! Ce n'est pas cela qui me fera grossir! (6) (wenigen)
7. C'était un succès **certain**. (8) (sicher)
8. C'est **certain** qu'il viendra demain. (8) (sicher)
9. Elle connait **plusieurs** (10) / **certains** (9) / **quelques-uns** (7) d'entre eux. (einige / mehrere)
10. Que feras-tu quand il te rendra visite? – **N'importe quoi**. (3) (irgendetwas)
11. Vous pourriez lire un roman **quelconque** (5) (beliebig) pour faire vos résumés.
12. Nous avons **plusieurs** (10) / **certains** (9) / **quelques** (6) cousins à Vienne. (mehrere)
13. Une **certaine** Madame Naudin est à la porte. (8) (gewisse)
14. Elle est alcoolique. Elle boit **n'importe quoi**. (3) (irgendetwas)
15. **Quelques-un(e)s** (7) / **Certain(e)s** (8) ont déjà vu cette pièce de théâtre. (einige)
16. Ne va pas à l'école sans manger et boire **quelque chose**. (6/Achtung) (etwas)
17. Je ne peux pas croire cela. **L'un ou l'autre** a menti. (11)
18. Les fleurs sentent bon. Mets-en **quelques-unes** dans le vase. (7) (einige)
19. Donne-nous **quelques** fruits. (6) (einige, ein paar)
20. Voilà **les quelques** pulls que je possède. (6) (die wenigen)
21. Donne-moi **l'autre** stylo, s'il te plaît. (11) (den anderen) – Je n'en ai pas **d'autre**. (11) (keinen anderen)
22. Il faut obéir. Tu ne peux pas faire **n'importe quoi**. (3) (irgendetwas)
23. Super, il me reste encore **quelque** argent pour ce mois! (6) (etwas)
24. Ne m'énerve pas! J'ai **d'autres** problèmes maintenant! (11) (andere)
25. Nous avons acheté **différentes** fleurs. (12) (verschiedene)
26. Achète-moi un sandwich **quelconque** pour mon voyage. (5) (irgend eines, egal welches)
27. **Quiconque** quittera l'école sans permission, aura des difficultés. (1) (wer auch immer)
28. **Quelqu'un** a déposé ce paquet au bureau. (7) (jemand)
29. Une **certaine** madame Colbert vous attend au salon. (8) (gewisse)
30. Je suis sûr que c'est **quelque chose** de très important. (6/Achtung) (etwas)
31. Elle nous a montré des fleurs **différentes**. (12) (verschiedenartige, unterschiedliche)
32. Où est-ce qu'on va? – **N'importe où**. (3) (ganz egal wohin)
33. **L'un et l'autre** ont fait des progrès. (11) (beide, der eine und der andere)

34. **Quelque chose** me dérange ici. (6) (etwas)
35. Qu'est-ce qu'on va lui répondre? – **N'importe quoi**. (3) (irgend etwas)
36. C'est facile! **N'importe qui** pourra faire cela. (2) (jeder beliebige)
37. **Quiconque** a vu cette misère, sera plus modeste. (1) (wer auch immer)
38. Vous vous trompez **l'un l'autre**. (11/Merke) (einander)
39. Si tu n'aimes pas ce gâteau au chocolat, prends **l'autre**. (11) (den anderen)
40. Est-ce qu'il y a une **autre** possibilité? (11) (andere)
41. Il fait ses devoirs **n'importe comment**. (3) (irgendwie)
42. Dans notre classe il y avait une **certaine** Annabelle. (8) (eine gewisse)
43. Je n'aime pas ces pommes. Est-ce que je pourrais en choisir **d'autres**? (11) (andere)
44. J'ai servi **quelques** sandwichs. (6) (einige, ein paar)
45. Donnez-moi **n'importe quel** sandwich. (4) (egal welches)
46. Est-ce qu'il y a encore **d'autres** sandwichs? (11) (andere)
47. Nous avons **plusieurs** (10) / **certains** (9) / **quelques** (6) amis en Suisse. (einige)
48. Pas si vite! Attendez **quelques** instants! (6) (einige)
49. Pendant les vacances nous avons dormi **n'importe où**. (3) (egal wo)
50. **Certains** (9) (manche) préfèrent faire la cuisine eux-mêmes, **d'autres** (11) (andere) aiment plutôt aller au restaurant.
51. Tu verras les résultats dans **quelques** (6) / **plusieurs** (10) jours. (einigen)
52. **Quelques-un(e)s** (7) ont dit que le film était drôle. (einige)
53. Je suis **certain** de ne pas arriver en retard. (8) (sicher)
54. Tu achètes toujours **n'importe quoi**! (3) (irgendetwas)
55. Est-ce que toutes les filles sont venues? – Non, **quelques-unes** (7) étaient malades. (einige)
56. S'il me quittait, j'irais **n'importe où**. (3) (irgendwohin)
57. Non, ils n'habitent plus dans le troisième. Ils habitent dans **un autre** arrondissement. (11) (einem anderen)
58. Elle fait **plusieurs** voyages par an. (10) (mehrere)
59. Est-ce que tu as trouvé **les autres** tickets? (11) (die anderen)
60. **Certains** scientifiques croient qu'il y a de l'eau sur Mars. (8) (gewisse)
61. **Quiconque** a vu ce film est totalement fasciné. (1) (wer auch immer)
62. Elle a trouvé **quelque** bonheur. (6) (irgendein)
63. On va nous aider **l'un l'autre**. (11/Merke) (einander)
64. Elle voudrait savoir le nom d'un chanteur **quelconque**. (5) (irgendeinem)
65. Est-ce qu'il y a **quelque chose** de nouveau? (6/Achtung) (etwas)
66. Est-ce qu'elle a **quelque** amie pour l'aider maintenant? (6) (irgendeine)
67. **Certain(e)s** d'entre vous ont très bien travaillé. (9) (einige)
68. **Quelqu'un** m'a informé que monsieur Bulot est mort. (7) (jemand)
69. Je vous montre **d'autres** robes? (11) (andere)
70. À qui est-ce que tu penses? – **À n'importe qui**. (2) (an irgendjemanden)
71. Dans cet exercice **plusieurs** réponses sont parfois possibles. (10) (mehrere)
72. Le verre est fêlé. Servez-vous d'**un autre** verre. (11) (ein anderes)
73. Tu as déjà goûté aux sandwichs? **Quelques-uns** sont vraiment délicieux. (7) (einige)
74. Il n'est jamais en retard. **Quelque chose** aura dû lui arriver. (6/Achtung) (etwas)
75. Quand est-ce que tu voudrais venir? – **N'importe quand**. (3) (ganz egal)
76. **Certain(e)s** (9) / **Quelques-un(e)s** (7) ne travaillent jamais! (einige)
77. **Quiconque** peut nous aider, qu'il vienne! (1) (wer auch immer)
78. Elle aurait embrassé **n'importe qui**. (2) (jeden Beliebigen)
79. Sois plus sérieux! Tu fais tes devoirs **n'importe comment**. (3) (irgendwie)
80. Elle ne fait que faire les courses. Elle achète **n'importe quelles** (4) choses. (irgendwelche)
81. La soirée s'est passée comment? – C'était **quelconque**. (5) (nichts Besonderes)
82. Regarde les **quelques** chaussures que j'ai! (6) (die wenigen)
83. Elle nous a présenté **quelques** photos de la Bretagne. (6) (einige)
84. Est-ce que vous avez discuté de **quelque chose** d'important? (6/Achtung) (etwas)
85. **Quelques-un(e)s** (7) / **Certain(e)s** (9) disent qu'il est déjà parti. (einige)
86. Il lui aurait fallu un **certain** charme. (8) (einen gewissen)
87. La police a trouvé une preuve **certaine**. (8) (sicheren)

page 67

1. Il s'adresse **à eux**. (2)
2. Il s'intéresse **à elle**. (2)
3. Le prix va **à elle**. (3)
4. Je vous ai recommandé **à lui**. (2)
5. Nous **les lui** donnons. (1/Stellung 1)
6. Il **le leur** a expliqué. (1/Stellung 1)
7. Tu dois **me la** raconter. (1/Stellung 2)
8. Il m'a présenté **à eux**. (2)
9. Il s'intéresse beaucoup **à lui**. (2)
10. Il nous **la** montre. (1/Stellung 2)
11. Nous faisons attention **à eux**. (3)
12. Ne te joins pas **à eux**. (2)
13. Elle pense toujours **à lui**. (3)
14. Monsieur Nassif s'est confié **à eux**. (2)
15. Son héritage va **à eux**. (3)
16. Tu t'es déjà adressé **à lui**? (2)
17. Cette grande maison est **à eux**. (3)
18. Je **le leur** ai donné. (1/Stellung 1)
19. Elle **se les** est lavé**es**. (1/Stellung 2) (voir aussi ☺ **III** p 61/62, règle 2/ Achtung1/ Achtung 2)
20. Il se **l'**est cassé**e**. (1/Stellung 2) (voir aussi ☺ **III** p 61/62, règle 2/ Achtung1/ Achtung 2)
21. Il m'a recommandé **à elle**. (2)
22. Tu pourrais te confier **à elle**. (2)
23. Nous songeons **à elles**. (3)
24. Il va **les lui** offrir. (1/Stellung 1)
25. Vous pourriez me présenter **à elle**? (2)

Traduis:

1. Mon héritage va **à vous**. (3)
2. Nous **nous** joindrions **à vous**. (2)
3. Je **vous** recommanderai **à elle**. (2)
4. Je pense **à toi** / **à vous**. (3)
5. Vous **vous** intéressez **à lui**? (2)
6. Je voudrais bien **me** présenter **à vous**. (2)
7. Tu **t'**es confié(**e**) / fié(**e**) **à moi**. (2)
8. Elle **nous** a présenté(**e**)**s à eux** / **à elles**. (2)
9. C'est **à vous**. (3)
10. C'est **à vous**. (3) / Cela vous appartient. (appartenir à qn = 3. Fall)
11. Fais attention **à toi**. (3)
12. Nous **nous** sommes intéressé(**e**)**s à toi**. (2)
13. Elle **s'**est adressée **à moi**. (2)

pages 71/72

1. vit, eut
2. commençai, sus
3. vîmes
4. passèrent
5. fûtes
6. mit, répondit
7. donna, alla
8. reçûmes, ouvrîmes
9. sonna
10. apporta
11. demandèrent
12. fallut
13. fîmes, lûmes
14. reçurent
15. vînmes, arrivèrent
16. descendîtes
17. traversa
18. écrivit, mit
19. entendit, tut, partit
20. travailla, fit, lut, écouta
21. entra, s'assit
22. tomba, mourut
23. commença
24. tomba, resta
25. refusa
26. fit, fut
27. coururent, entendirent
28. fit
29. attendîmes
30. disparut
31. prit, jeta, sauta
32. arrêta, reconnut, descendit, salua
33. alla
34. fîmes, montâmes
35. quitta, prit, descendit, acheta, alla, rentra
36. perdit
37. hésita, entra, posa, attendit
38. ouvrîmes, entrâmes
39. burent
40. voulûmes
41. vécut
42. durent
43. reçut
44. tint
45. virent
46. parlâtes
47. mîtes
48. gagna
49. crus
50. peignit
51. se plaignirent, nous plaignîmes
52. salua

page 74

1. Après qu'il **eut invité** ses amis
2. Après qu'elle **eut travaillé** (oder bei Subjektsgleichheit : *Infinitivkonstruktion*: Après **avoir travaillé**)
3. Après qu'on **eut choisi**
4. après qu'elle **eut bu** (oder bei Subjektsgleichheit : *Infinitivkonstruktion*: Après **avoir bu**)
5. après que vous **fûtes sorti(e)(s)**.
6. Après qu'il **fut tombé** par terre
7. Dès qu'elle **eut pris** son bain
8. À peine **eut-elle fermé** la fenêtre (Nach *à peine*: ***Inversion***)
9. Quand monsieur Béart **eut refermé** la fenêtre
10. Quand il **eut mangé**
11. Très vite, elle **eut lu** cinq livres. (**passé antérieur** zum Ausdruck *rascher* Handlung)
12. En un instant il **eut mangé** (**passé antérieur** zum Ausdruck *rascher* Handlung)
13. En un jour elle **eut nettoyé** (**passé antérieur** zum Ausdruck *rascher* Handlung)
14. Quand j'**eus téléphoné**
15. Après que nous **eûmes pris** notre repas
16. Après qu'il **eut lu** son journal
17. À peine **eut-elle caché** la lettre ... (Nach *à peine*: ***Inversion***)
18. À peine **eurent-ils terminé** leurs travaux ... (Nach *à peine*: ***Inversion***)
19. Quand les enfants **eurent appris**

1. **Après qu'il eut pris** le couteau, il le posa sur son assiette.
2. **Quand** elle **eut fini** ses devoirs, elle alla voir son amie.
3. **Aussitôt qu'**elle **fut arrivée** chez Pierre, elle but un café avec lui.
4. **Après qu'**il **eut commencé** à pleuvoir, ils décidèrent de rester à la maison.
5. **À peine fut-elle venue**, qu'elle mit les fleurs dans le vase. (Nach *à peine*: ***Inversion***)
6. **À peine fut-elle montée** dans le train, qu'il partit. (Nach *à peine*: ***Inversion***)
7. **Aussitôt qu'**elle **fut partie**, sa mère arriva.

page 77

1. Je ne peux pas supporter une **telle** conduite.
2. Il parle **tellement** vite!
3. Elle cherche un homme **tel que** son père.
4. Il a **tellement** peur qu'il ne gagne pas.
5. On n'a jamais rien vu de **tel**.
6. Il n'est pas charmant, mais il passe pour **tel**.
7. Je ne trouve plus une amie **telle qu'**elle.
8. Il faut le prendre **tel qu'**il est.
9. Après cette nouvelle nous avons **tellement** bien dormi.
10. Pierre a **tellement** d'examens qu'il ne peut pas sortir.
11. Il fait un **tel** vent que nous ne pouvons pas sortir ce soir.
12. Elle aime dessiner des fleurs **telles que** la rose, l'œillet ou la tulipe.
13. Je te prie de laisser les choses **telles qu'**elles sont.
14. Il dépense **tellement** d'argent pour ses chaussures!
15. Leur jardin est **tellement** petit!
16. Il préfère les romans **tels que** *Le procès*, *l'Amérique* ou *le Château*.
17. Il a couru **tellement** vite que ...
18. Nous n'avons jamais vu un **tel** orage.
19. Excusez-moi, **telle** n'était pas mon intention.
20. Elle a **tellement** pleuré que ses yeux sont enflés.
21. On ne peut qu'admirer un homme **tel que** lui.
22. J'ai **tellement** envie d'aller en France.
23. Tu travailles toujours beaucoup trop? – Pas **tellement**.
24. Nous ne pouvons pas supporter une **telle** chaleur.
25. Son idée était **tellement** géniale que ...
26. J'avais une **telle** faim que j'ai tout mangé.
27. Nos enfants étaient **tellement** sages que ...
28. On n'a jamais vu de **telles** personnes.
29. Vous ne pouvez pas me donner de **tels** travaux!
30. On ne rencontre pas souvent une **telle** amie.
31. Elle a **tellement** d'argent qu'elle ne sait plus le dépenser.

32. Marie est **telle que** sa mère.
33. L'alcool, **tel** est le problème de Madame Ledoux.
34. Il avait **tellement** de fleurs dans son jardin.
35. Il y a un **tel** bruit dans la classe ...
36. Il travaille **tellement** qu'il n'a pas de loisirs.
37. Il a de **telles** qualités que toutes les femmes sont à ses pieds.
38. Nous sommes **tellement** heureux de vous revoir.
39. Nous acceptons votre idée **telle qu**'elle est.
40. Je ne me rappelle plus, c'était **tel** ou **tel** numéro.
41. Il voulait arriver à **telle** heure.

page 79

1. Je n'ai pas **de l**'argent pour t'acheter une nouvelle voiture.
   (**Verneinung nicht absolut**: *Ich habe wohl Geld, aber nicht um dir ein neues Auto zu kaufen.*)
2. Il ne mange jamais **de** fromage. (**absolute Verneinung**) (☺ **II** p 19/7)
3. Il n'oublie jamais d'acheter **du** lait. (**Verneinung nicht absolut**, nur das Vergessen ist negativ, nicht das Milchkaufen; **Sinn des Satzes ist positiv**.)
4. Elle n'a pas encore trouvé **d**'emploi. (**absolute Verneinung**)
5. Elle n'aime pas beaucoup **les** hamburgers. (☺ **I** p 62/1, nach **aimer** steht der **bestimmte** Artikel)
6. Vous n'avez pas **des** voisins qui pourraient s'occuper de vos fleurs pendant les vacances? (**Verneinung nicht absolut**: *Es gibt wohl Nachbarn, aber könnten die sich um die Blumen kümmern?*)
7. Elle n'achète plus **d'alcool**. (**absolute Verneinung**) (☺ **II** p 19/7)
8. Ce n'est pas **du** vin. (☺ **II** p 19/7/Merke 3, bei **être** steht immer der **volle** Teilungsartikel)
9. Nous ne buvons **ni champagne ni vin mousseux**.
   (☺**II** p 19/7/Merke 2, nach **ne ... ni ... ni** steht **kein** Teilungsartikel)
10. Le matin elle ne boit que **du** thé. (☺ **II** p 19/7/Merke 1, nach **ne ... que** steht immer der **volle** Teilungsartikel)
11. Nous n'avons pas **de l**'argent pour le gaspiller.
    (**Verneinung nicht absolut**: *Wir haben wohl Geld, aber nicht um es zu verschwenden.*)
12. Elle s'en est allée sans écrire **de** mots d'excuse. (**absolute Verneinung**)
13. Tu ne bois que **de la** limonade! (☺ **II** p 19/7/Merke 1, nach **ne ... que** steht immer der **volle** Teilungsartikel)
14. Il n'y a plus **de** bière dans le réfrigérateur. (**absolute Verneinung**) (☺ **II** p 19/7)
15. Il l'a quittée sans donner **de** raison. (**absolute Verneinung**) (☺**II** p 19/7)
16. Il ne lui écrit plus **des** lettres de cinq pages comme autrefois.
    (**Verneinung nicht absolut**: *Er schreibt wohl Briefe, aber nicht mehr so lange wie früher.*)
17. Elle n'écrit pas **de** lettres. (**absolute Verneinung**)
18. Il ne prend que **du** café au lait. (☺ **II** p 19/7/Merke 1, nach **ne ... que** steht immer der **volle** Teilungsartikel)
19. Je n'aime pas **les** pommes. (☺ **I** p 62/1, nach **aimer** steht der **bestimmte** Artikel)
20. Elle ne trouve pas **l**'emploi qui lui plaît. (*sie findet nicht **die** Arbeit, die ihr gefällt*: bestimmter Artikel) (weitere Möglichkeit: Elle ne trouve pas **d**'emploi qui lui **plaise**. *Sie findet **keine** Arbeit die ihr gefällt/gefallen könnte.*)
21. Nous n'avons plus **d**'eau minérale. (**absolute Verneinung**)
22. Elle veut maigrir. Elle ne mange que **des** pommes.
    (☺ **II** p 19/7/Merke 1, nach **ne ... que** steht immer der **volle** Teilungsartikel)
23. Il ne fait pas **de** devoirs. (**absolute Verneinung**)
24. Il ne mange **ni porc ni bœuf.** (☺**II** p 19/7/Merke 2, nach **ne ... ni ... ni** steht **kein** Teilungsartikel) Il ne mange que **des** légumes. (☺ **II** p 19/7/Merke 1, nach **ne ... que** steht immer der **volle** Teilungsartikel)
25. Je n'ai pas **d'argent**. (**absolute Verneinung**)
26. Tu n'as pas **des** livres que tu pourrais me donner pour le week-end? (**Verneinung nicht absolut**.)
27. Il n'oublie jamais de lui acheter **des** fleurs pour son anniversaire. (**Verneinung nicht absolut**, nur das Vergessen ist negativ, nicht das Blumenkaufen, **Sinn des Satzes ist positiv**.)
28. Tu n'as pas **des** magazines pour mon collage? (**Verneinung nicht absolut**.)
29. Je n'ai pas acheté **des** livres pour que tu ne les lises jamais! (**Verneinung nicht absolut**.)
30. Il ne mange jamais **de** légumes. (**absolute Verneinung**)
31. Il n'aime pas beaucoup **les** légumes. (☺ **I** p 62/1, nach **aimer** steht der **bestimmte** Artikel)
32. Nous n'avons pas **soif** maintenant. (☺ **II** p 16/Merke)
33. Je n'achète plus **de** légumes au supermarché. (**Verneinung absolut**) *Vergleiche: Bei einer nicht absoluten Verneinung wäre ein Nebensatz erforderlich: Je n'achète plus des légumes comme ceux qui sont au supermarché.*
34. Il n'a pas **le** temps de venir. (☺ **II** p 16/Merke)
35. Tu te trompes. Il n'a ni **les** cheveux noirs ni **les** yeux bruns.
    (☺ **II** p 16/Merke: **Körperteile** + **bestimmter** Artikel)
36. Il ne travaille jamais **avec joie**. (☺ **II** p 16/Merke)
37. Il n'a plus **d'amis**. (**absolute Verneinung**)

page 81

1. Pierre aide **X** sa mère à laver la vaisselle.
2. Il a remercié **X** son professeur.
3. Vous envoyez une lettre **à** vos parents. (☺ **I** p 84)
4. Elle sait bien jouer **de** la guitare.
5. Il ne pouvait pas fuir **X** la police.
6. Éclairez **X** votre père sur tous les détails.
7. L'élève confirme la vérité **au** professeur. (☺ **I** p 84)
8. Un monsieur Cassel a demandé **X** monsieur le directeur.
9. Madame Mellet offre des sandwiches **aux** invités. (☺ **I** p 84)
10. Elle a remercié **X** ses voisins de s'occuper de ses fleurs.
11. L'élève a contredit **X** son professeur.
12. Nous aimons jouer **aux** échecs.
13. Ils montrent les photos des vacances **aux** Dufour. (☺ **I** p 84)
14. Ils rendent les livres **aux** amis. (☺ **I** p 84)
15. Il faut écouter **X** ta mère, Fabienne.
16. Le petit garçon suit **X** sa mère partout.
17. Est-ce qu'ils ont demandé des solutions **à** Nicole? (☺ **I** p 84)
18. Elle ne flatte pas **X** le directeur.
19. Il a menacé **X** son collègue.
20. J'ai prêté de l'argent **à** mon amie. (☺ **I** p 84)
21. Le week-end on va féliciter **X** notre grand-mère.
22. Elle attendait **X** son chef devant son bureau.
23. Il a rencontré **X** son vieil ami Luc.
24. J'ai demandé l'adresse de madame Paret **à** madame Dumur. (☺ **I** p 84)
25. L'hôtel a changé **de** concierge.
26. Ils ont annoncé leur mariage **à** leurs amis. (☺ **I** p 84)
27. Je voudrais bien parler **à** madame Boulant, s'il vous plaît. (☺ **I** p 84)
28. Le restaurant va changer **de** chef de cuisine.
29. Monsieur Pichat précède **X** son fils dans sa carrière.
30. Elle n'a jamais écouté **X** ses parents.
31. Dites au revoir **à** tante Marie, les enfants. (☺ **I** p 84)
32. Il abuse **de** sa femme dans le ménage. Lui, il ne fait presque rien.
33. Elle a survécu de vingt ans **à** son mari.
34. Qu'est-ce que vous avez reproché **aux** enfants? (☺ **I** p 84)
35. Un certain monsieur Gibert demande **X** monsieur Nace.
36. Est-ce que vous pourriez expliquer nos règles **à** Fernand? (☺ **I** p 84)
37. Ils ont hérité une grande maison **de** leurs grands-parents.
38. Elle a affronté **X** son adversaire et elle a gagné.
39. Les gens ont applaudi **X** l'acteur frénétiquement.
40. Ils ont essayé de prévenir **X** toutes ses questions.
41. Elle ne peut pas égaler **X** sa sœur en beauté.

page 90

1. **une** amitié (3)
2. **un** anniversaire (15)
3. **une** aventure (3)
4. **un** avion (3, Ausnahmen)
5. **un** axe (1)
6. **la** Belgique (6)
7. **la** belle Rome (7)
8. **le** Berlin des années 20 (7)
9. **le** beurre (règle 1)
10. **le** blouson (3, Ausnahmen)
11. **la** boisson (3)
12. **la** bonté (3)
13. **la** boulangère (3)
14. **le** bronze (13)
15. **le** bureau (4)
16. **la** cage (4, Ausnahmen)
17. **le** canal (4)
18. **le** capitaine (3, Ausnahmen)
19. **la** centaine (3)
20. **la** chaleur (3)
21. **le** chapeau (4)
22. **la** chemise (3)
23. **le** cheveu (4)
24. **le** chiffre (1)
25. **le** chrome (13)
26. **le** cigare (1)
27. **la** connaissance (3)
28. **la** conversation (3)
29. **le** côté (3, Ausnahmen)
30. **le** coucher du soleil (14)
31. **le** courage (4)
32. **le** crayon (4)
33. **le** Danemark (6)
34. **le** Danube (8)

35. **le** déjeuner (14)
36. **la** dent (4, Ausnahmen)
37. **le** dessin (4)
38. **le** dimanche (12)
39. **le** dîner (14)
40. **le** domaine (1)
41. **la** douceur (3)
42. **le** doute (1)
43. **une** erreur (3)
44. **un** escalier (4)
45. **la** façon (3)
46. **le** fer (13)
47. **la** fête des Rois (15)
48. **la** fleur (3)
49. **le** garage (1)
50. **la** Garonne (8)
51. **le** geste (1)
52. **la** grandeur (3)
53. **le/la** guide (2)
54. **le** Havre (7)
55. **un** hôpital (4)
56. **une** idée (3)
57. **une** image (4, Ausnahmen)
58. **un** incendie (3, Ausnahmen)
59. **un** indice (4)
60. **un** intervalle (1)
61. **le** six janvier (12)
62. **la** jument (5)
63. **le** Jura (9)
64. **le** labeur (3, Ausnahmen)
65. **le** Liban (6)
66. **la** liberté (3)
67. **la** Loire (8)
68. **la** lune (16)
69. **le** Luxembourg (6)
70. **le** lycée (3, Ausnahmen)
71. **le** manger (14)
72. **le** masque (1)
73. **le** melon (4)
74. **la** Renault (10)
75. **le** métier (4)
76. **le** Mexique (6)
77. **le** milieu (4)
78. **le** million (3, Ausnahmen)
79. **le** miroir (4)
80. **le** Mont Blanc (9)
81. **le** moteur (3)
82. **le** musée (3, Ausnahmen)
83. **la** nage (4, Ausnahmen)
84. **la** notice (4, Ausnahmen)
85. **le** Nouvel An (15)
86. **le** noyer (11)
87. **un** olivier (11)
88. **une** Opel (10)
89. **la** page (4, Ausnahmen)
90. **le** passage (1)
91. **le** pâté (3, Ausnahmen)
92. **la** pâtisserie (3)
93. **le/la** patriote (2)
94. **la** peau (4, Ausnahmen)
95. **la** Pentecôte (15)
96. **le** Pérou (6)
97. **la** Peugeot (10)
98. **la** plage (4, Ausnahmen)
99. **le** poirier (11)
100. **le** poison (3, Ausnahmen)
101. **le** poisson (3, Ausnahmen)
102. **le** pommier (11)
103. **le** Portugal (6)
104. **la** poubelle (3)
105. **le** pouvoir (14)
106. **la** prière (3)
107. **le** projecteur (3, Ausnahmen)
108. **le** prunier (11)
109. **la** rage (4, Ausnahmen)
110. **la** raison (3)
111. **le** Rhin (8)
112. **le** Rhône (8)
113. **le** rhume (2)
114. **la** ronce (11)
115. **la** Russie (6)
116. **le** sacrifice (4)
117. **la** salade (3)
118. **le/la** secrétaire (2)
119. **la** Seine (8)
120. **le** sept (12)
121. **la** Sicile (6)
122. **la** soirée (3)
123. **le** soleil (16)
124. **le** sondage (4)
125. **le** soupçon (3, Ausnahmen)
126. **le** souvenir (14)
127. **le** sud (12)
128. **la** Suisse (6)
129. **le** système (1)
130. **le** talent (4)
131. **le** tiroir (4)
132. **la** Toussaint (15)
133. **le** Tout-Paris (7)
134. **le** travail (4)
135. **le** tube (1)
136. **le** vase (1)
137. **le** vendeur (4)
138. **la** vérité (3)
139. **la** vigne (11)
140. **le** violon (4)
141. **le** virage (4)
142. **le** visage (4)
143. **la** vitesse (3)
144. **le** vocabulaire (1)
145. **le** voisin (4)
146. **le** voyageur (4)

page 91

1. **Le** manche (règle 5)
2. **Le** Tout-Paris (7)
3. **Le/Un** page (5)
4. **Joyeux** Noël! (15)
5. **le** mode de vie (5)
6. **la** vase du fleuve (5)
7. **la** mort (5)
8. **aucune** aide (5)
9. **La** manche (5)
10. les gens **curieux** (16)
11. à **la** mode (5)
12. **la** critique de cette pièce (5)
13. **une** page du livre de français (5)
14. **un** livre (5) sur Alger **la blanche** (7)
15. dans **le** vague (5)
16. **la** vague (5)

17. **du beau** Marseille (7)
18. à Rome, **la belle** (7)
19. **un/une** après-midi (16)
20. **Joyeuses** Pâques! (15)
21. **une** livre de tomates (5)
22. **la** mousse au chocolat (5)
23. **un** mort (5)
24. Les **vieilles** gens (16)
25. **la** tour Eiffel (5)
26. L'Irlande est **verte**. (6)
27. **une bonne** patriote (2)
28. Mets **la** poêle sur **le** poêle. (5)
29. **le** vase (5)
30. **un** aide (5)
31. **la** voile (5)
32. **un** critique (5)
33. **la** Saint-Sylvestre (15)
34. **un** souvenir (14)
35. **la** page (5)
36. **le** Tour de France (5)
37. Venise est **beau/belle**. (7)
38. **le** livre (5)
39. **le** soleil (16)

page 95

1. les basse**s**-cour**s** (1)
2. les belle**s**-mère**s** (1)
3. les contre-attaque**s** (3)
4. les grand**s**-mère**s** / les grand-mère**s** (1/Merke)
5. les pomme**s** de terre (6)
6. les porte**s**-fenêtre**s** (1)
7. les sourde**s**-muette**s** (1)
8. les station**s**-service (2)
9. les appui**s**-tête (2)
10. les arrière-garde**s** (3)
11. les beau**x**-frère**s** (1)
12. les bonbon**s** (7)
13. les bon**s**homme**s** (7)
14. les brise-glace (4)
15. les casse-noisettes (5)
16. les casse-tête (4)
17. les chasse-neige (4)
18. les chef**s**-d'œuvre (6)
19. les chef**s**-lieu**x** (1)
20. les chien**s**-loup**s** (1)
21. les chou**x**-fleur**s** (1)
22. les coffre**s**-fort**s** (1)
23. les coup**s** de pied (6)
24. les coupe-papier (4)
25. les couvre-lit**s** (3)
26. les couvre-livre**s** (3)
27. les dernier**s**-né**s** (1)
28. les faire-part (4)
29. les garde-boue (4)
30. les garde-fou**s** (3)
31. les gentil**s**homme**s** (7)
32. les gratte-ciel (4)
33. les hache-viande (4)
34. les lave-vaisselle (4)
35. les passe-partout (4)
36. les passeport**s** (7)
37. les Peau**x**-Rouge**s** (1)
38. les perce-neige (4)
39. les porte-avions (5)
40. les portefeuille**s** (7)
41. les porte-monnaie (4)
42. les porte-parapluies (5)
43. les réveille-matin (4)
44. les sans-souci (4)
45. les sourd**s**-muet**s** (1)
46. les stylo**s** à bille (6)
47. les terrain**s** de camping (6)
48. les tête-à-tête (4)
49. les thé**s** au citron (6)
50. les timbre**s**-poste (2)
51. les tire-bouchon**s** (3)
52. les vaurien**s** (7)
53. les wagon**s**-lit**s** (1)
54. **mes**dame**s** (7)
55. **mes**demoiselle**s** (7)
56. **mes**sieur**s** (7)
57. des cure-dent**s** (3)
58. des abat-jour (4)
59. des appareil**s** photo (7)
60. des après-midi(**s**) (3/Merke)
61. des arc**s**-en-ciel (6)
62. des café**s** crème (7)
63. des coup**s** de poing (6)
64. des couvre-chef**s** (3)
65. des grain**s** de café (6)
66. des haut-parleur**s** (3)
67. des hors-d'œuvre (4)
68. des laissez-passer (3)
69. des marteau**x**-piqueur**s** (1)
70. des on-dit (3)
71. des ouï-dire (3)
72. des ouvre-boîte**s** (3)
73. des porte-bagages (5)
74. des porte-plume (4)
75. des presse-citron (4)
76. des sans-travail (4)
77. des wagon**s**-restaurant**s** (1)
78. des arrière-cour**s** (3)
79. des contre-offre**s** (3)
80. des eau**x**-de-vie (6)
81. des femme**s** de ménage (6)
82. des grand-route**s** (1/Merke)